LES QUATRE SAISONS DE MONET

Impressions of the Four Seasons

by Oui Love Books

ODÉON LIVRE
CHICAGO
2018

odeonlivre.com

Au printemps…

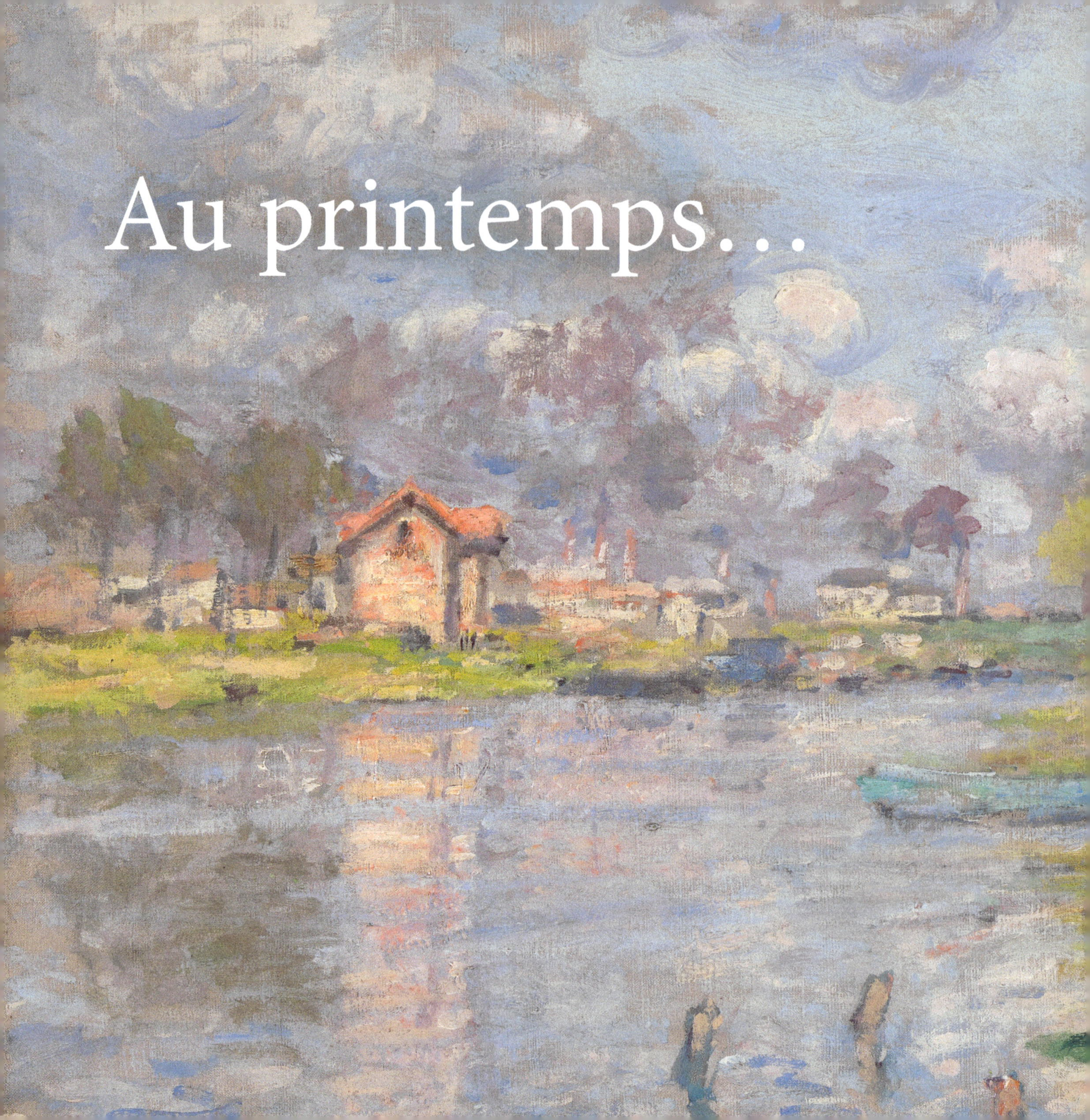

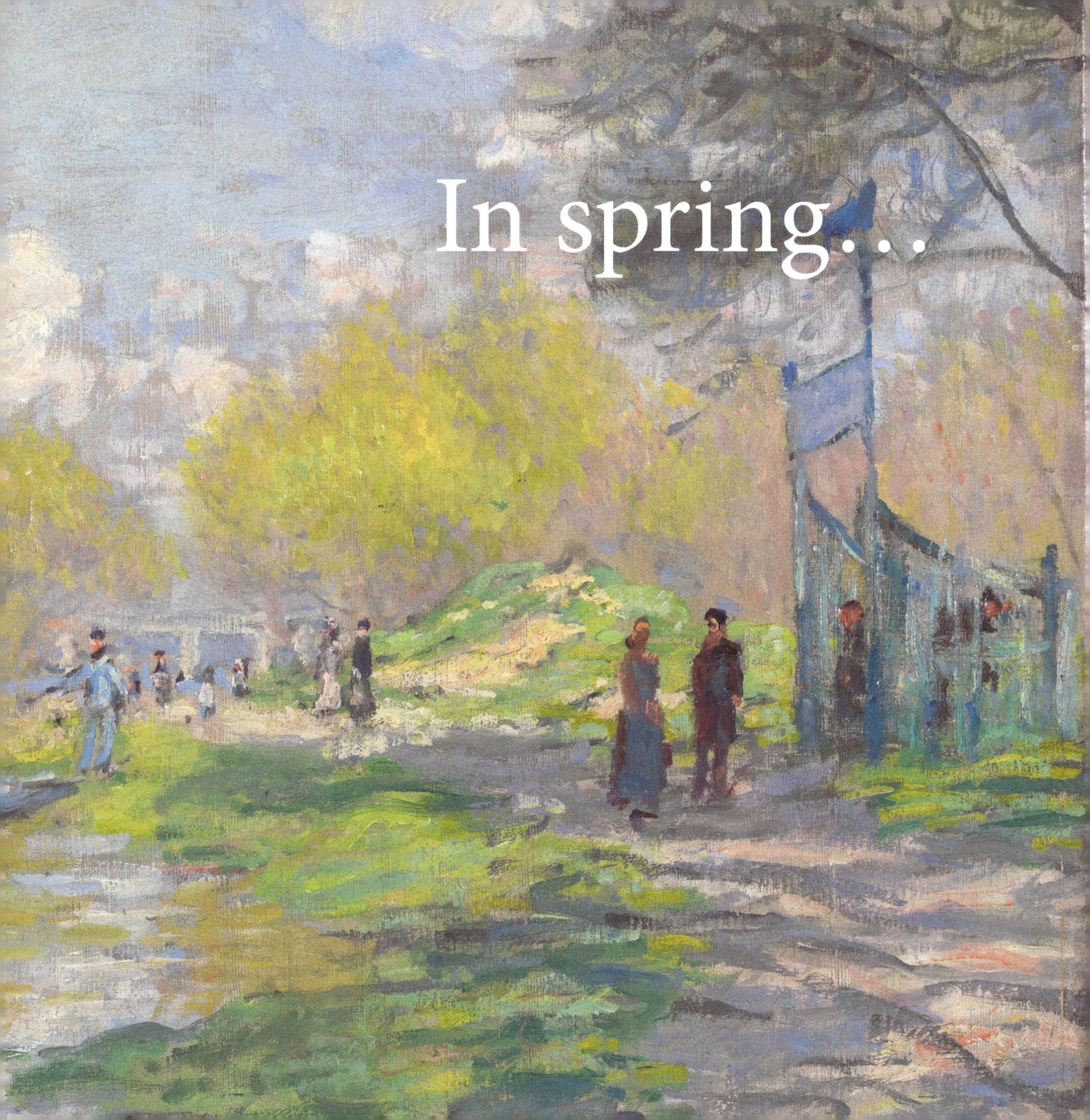

In spring…

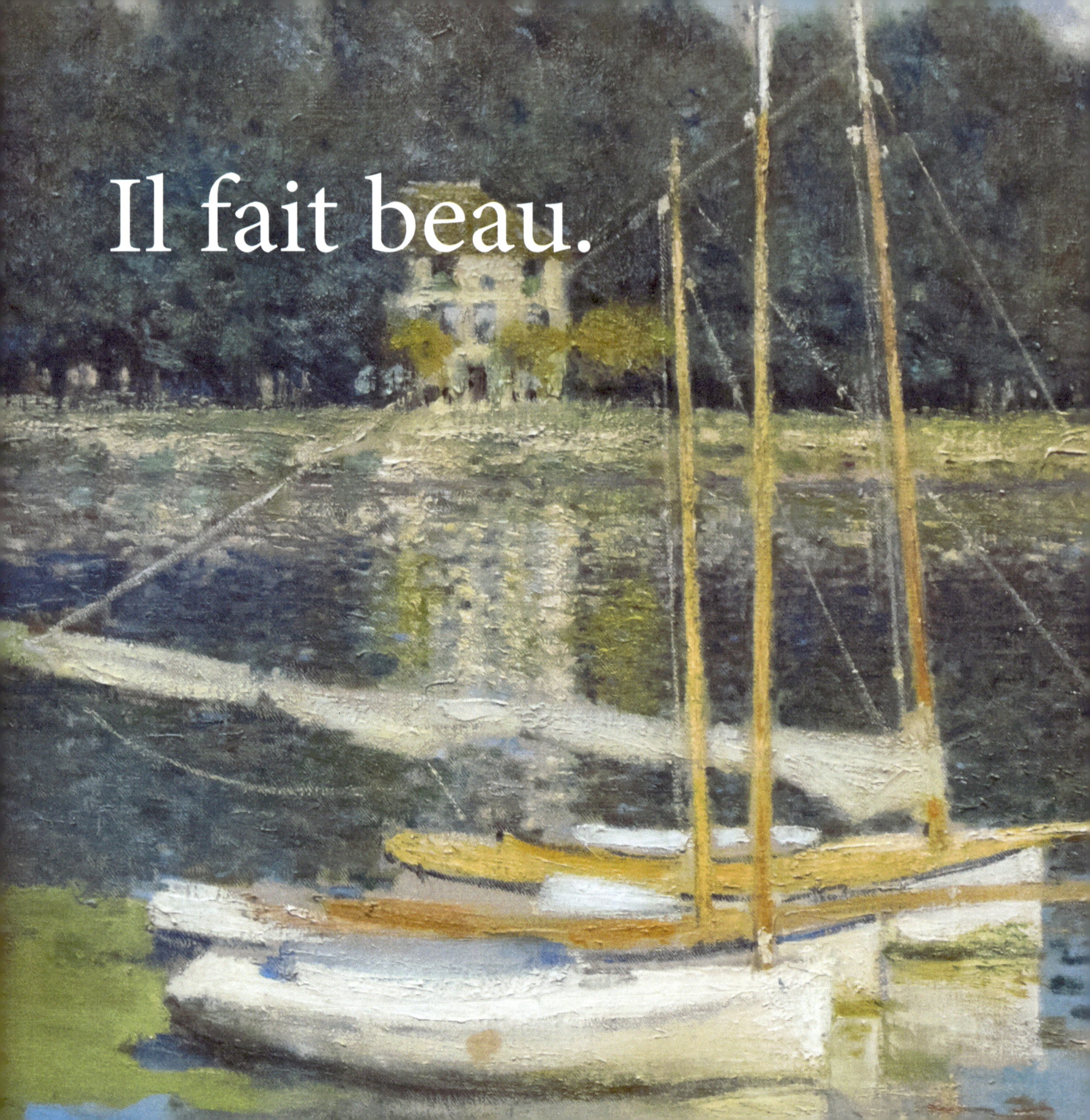
Il fait beau.

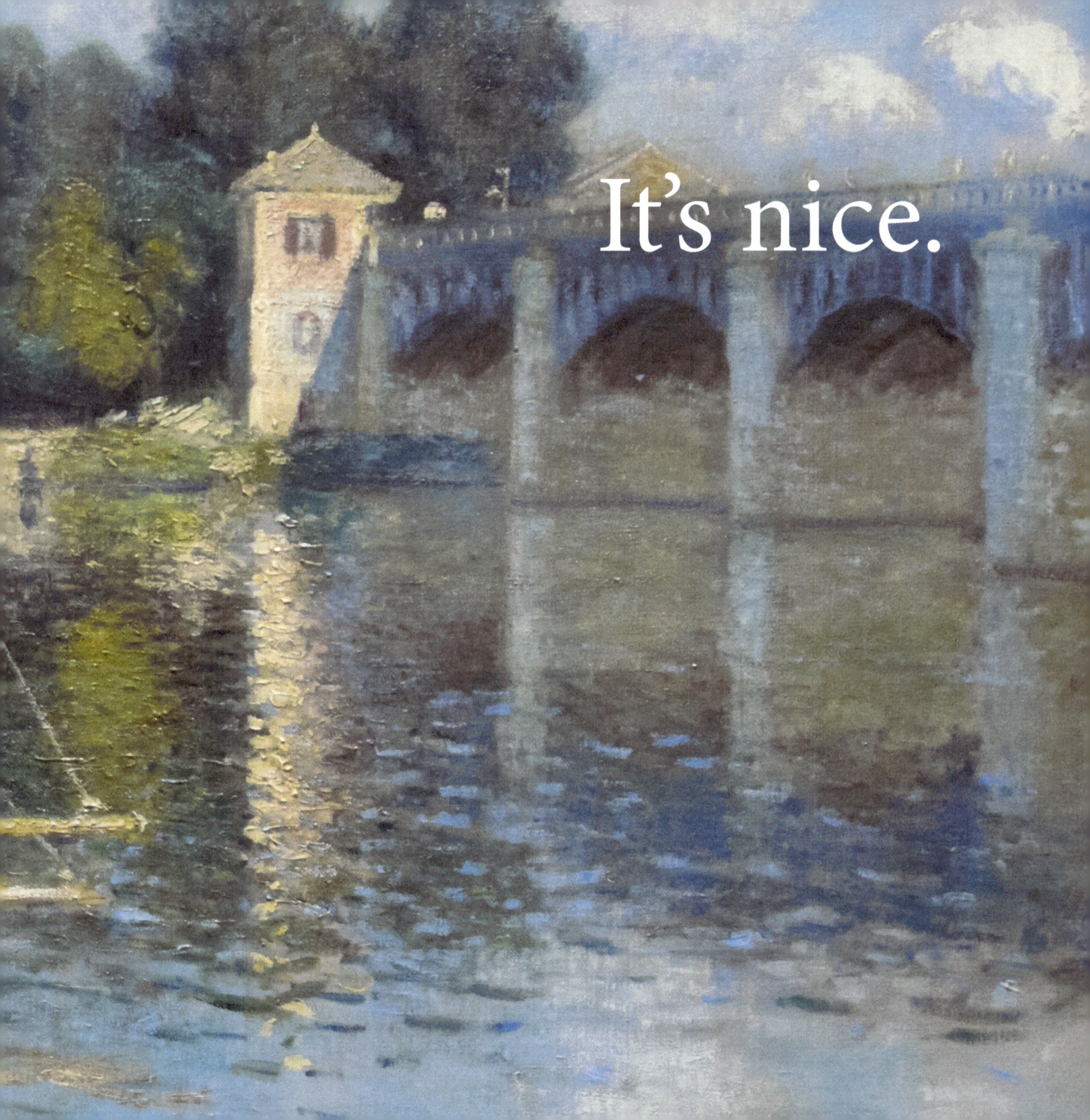
It’s nice.

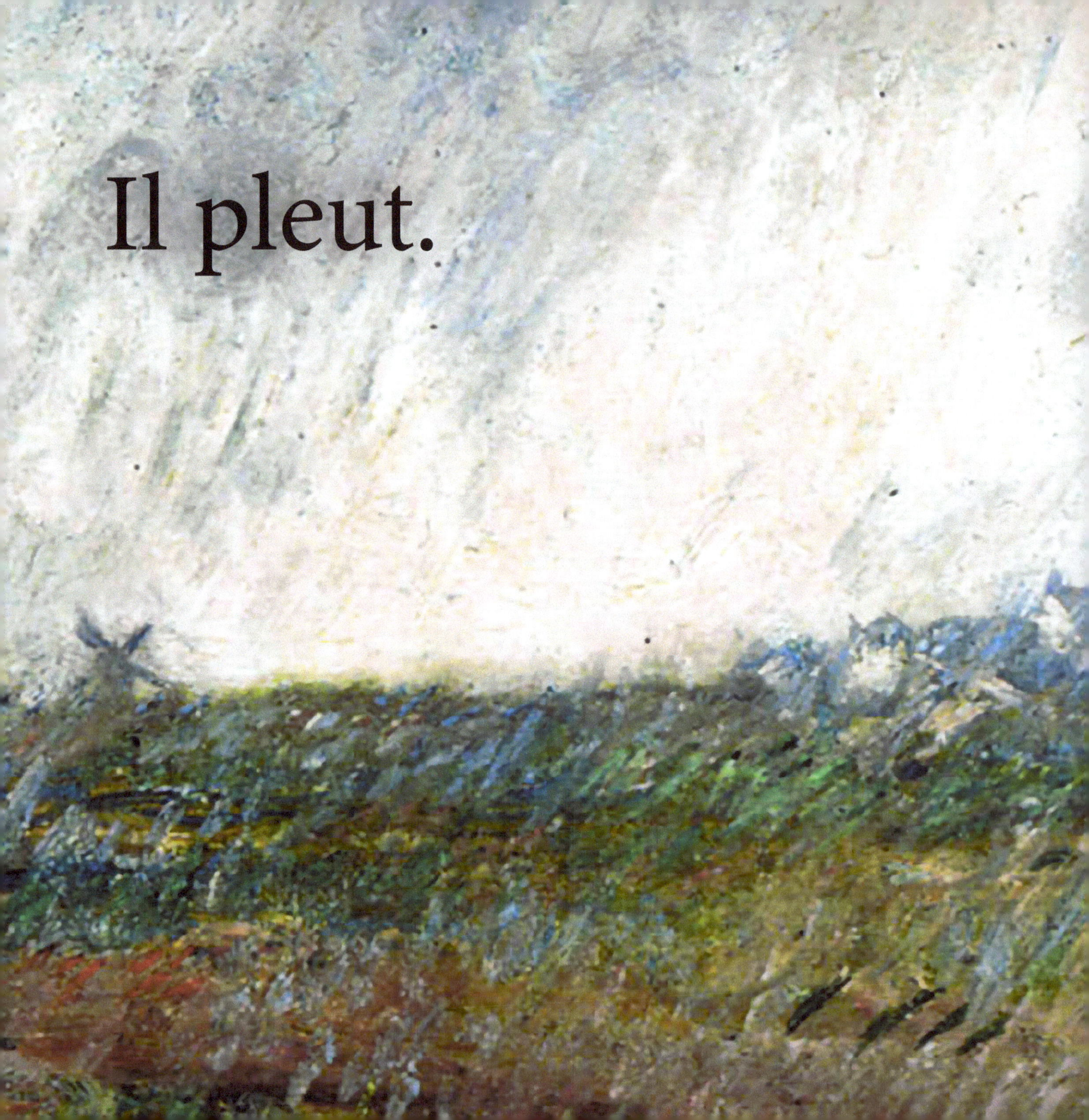

Il pleut.

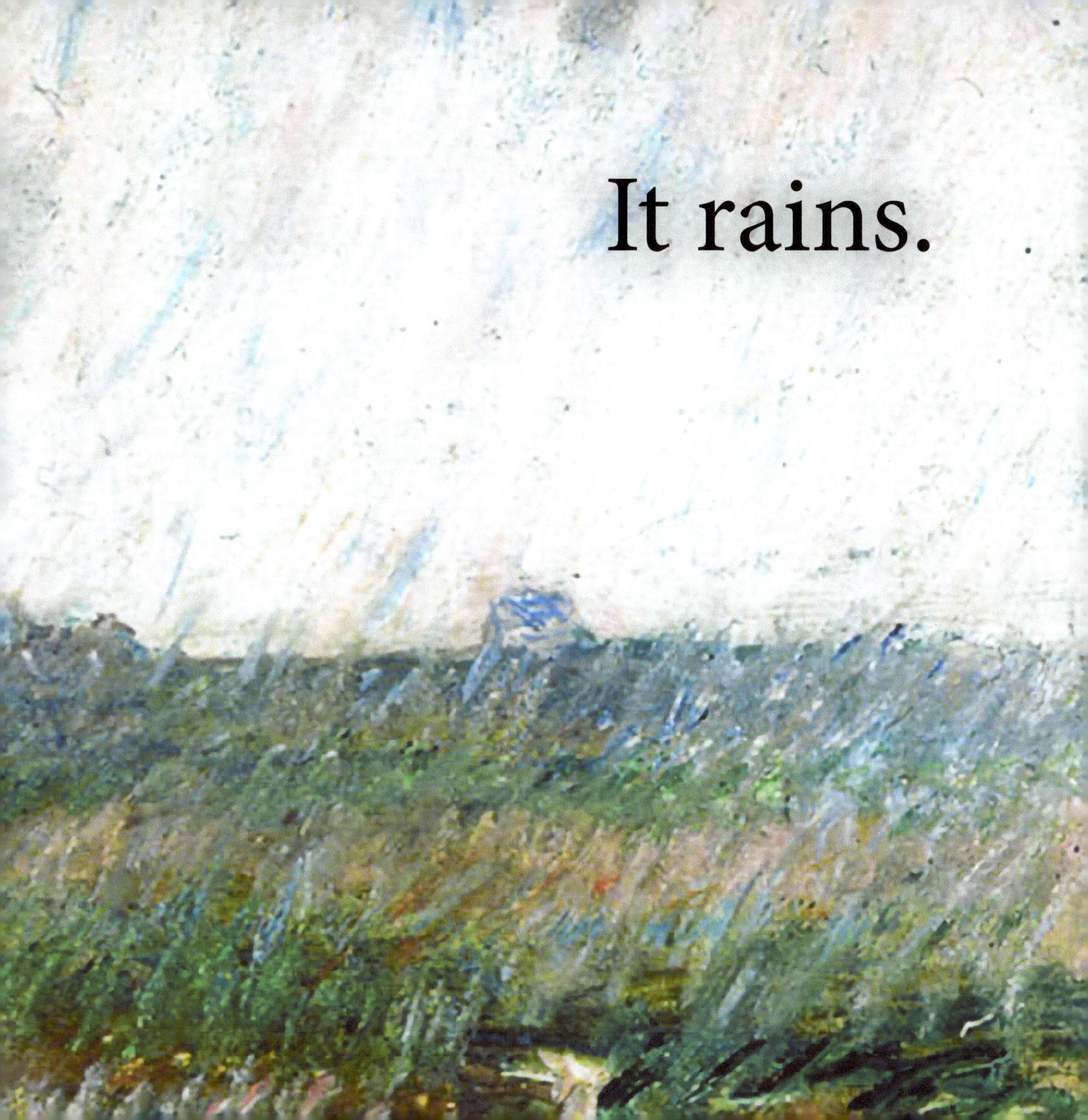

It rains.

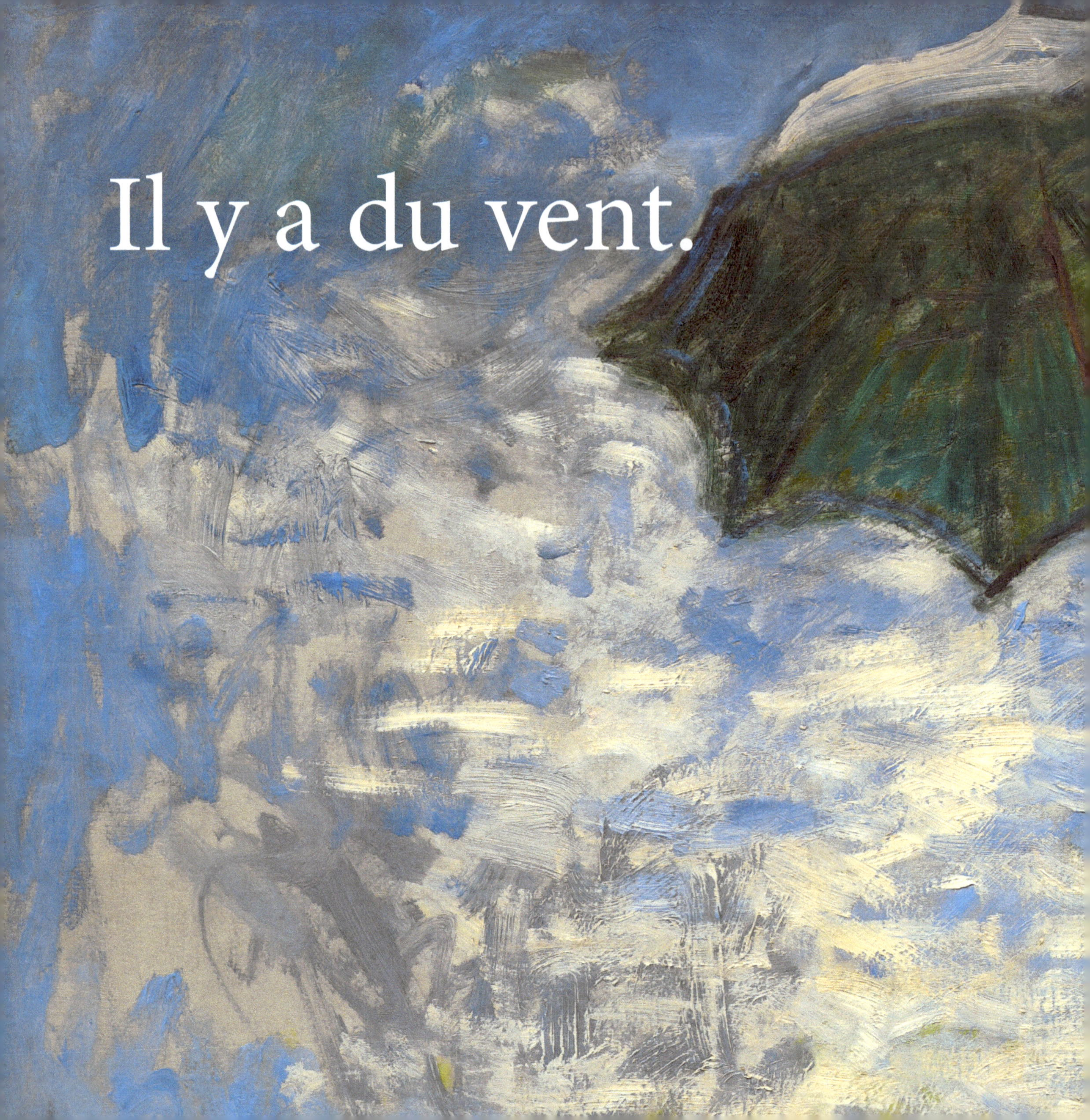

Il y a du vent.

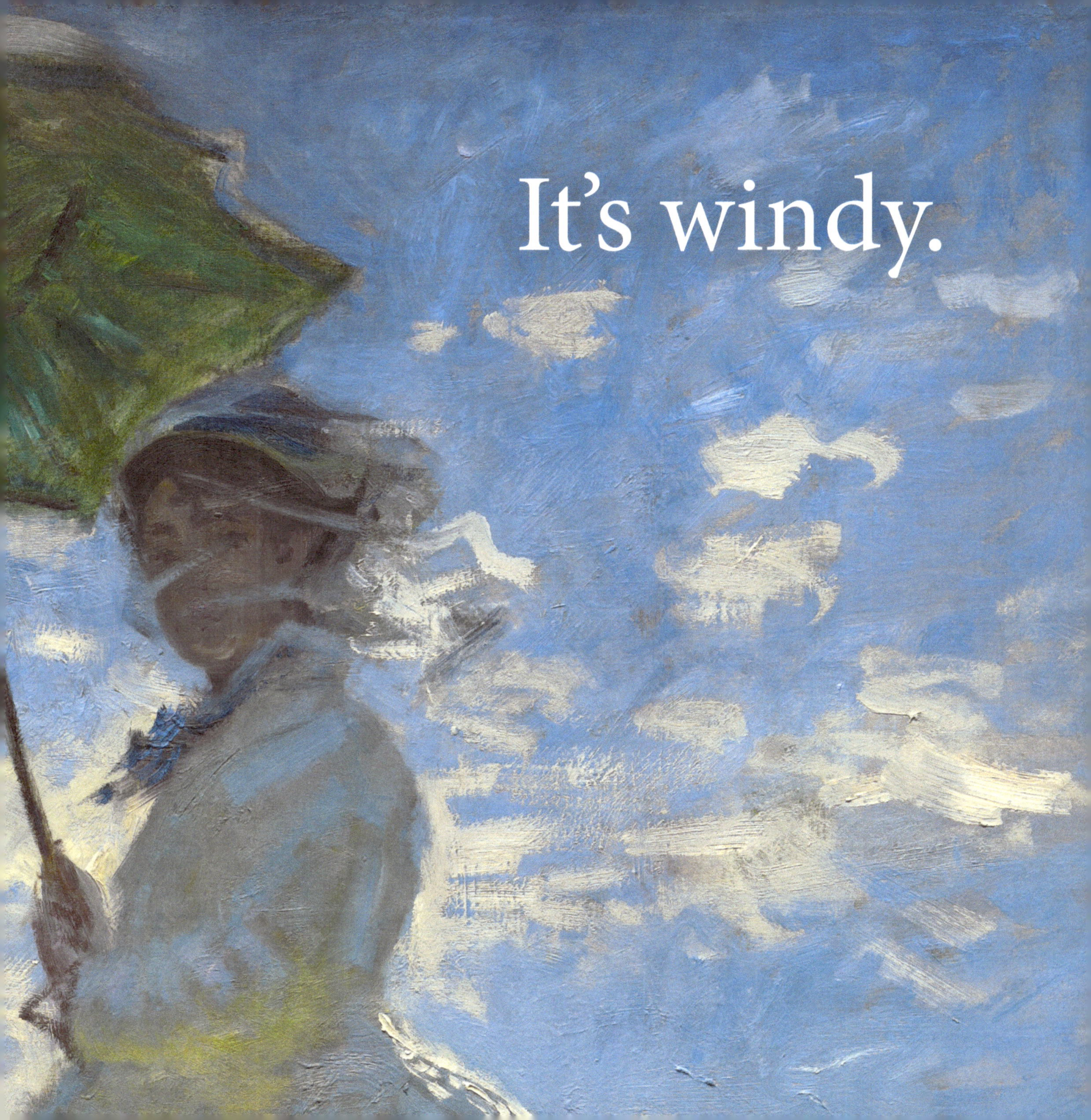
It's windy.

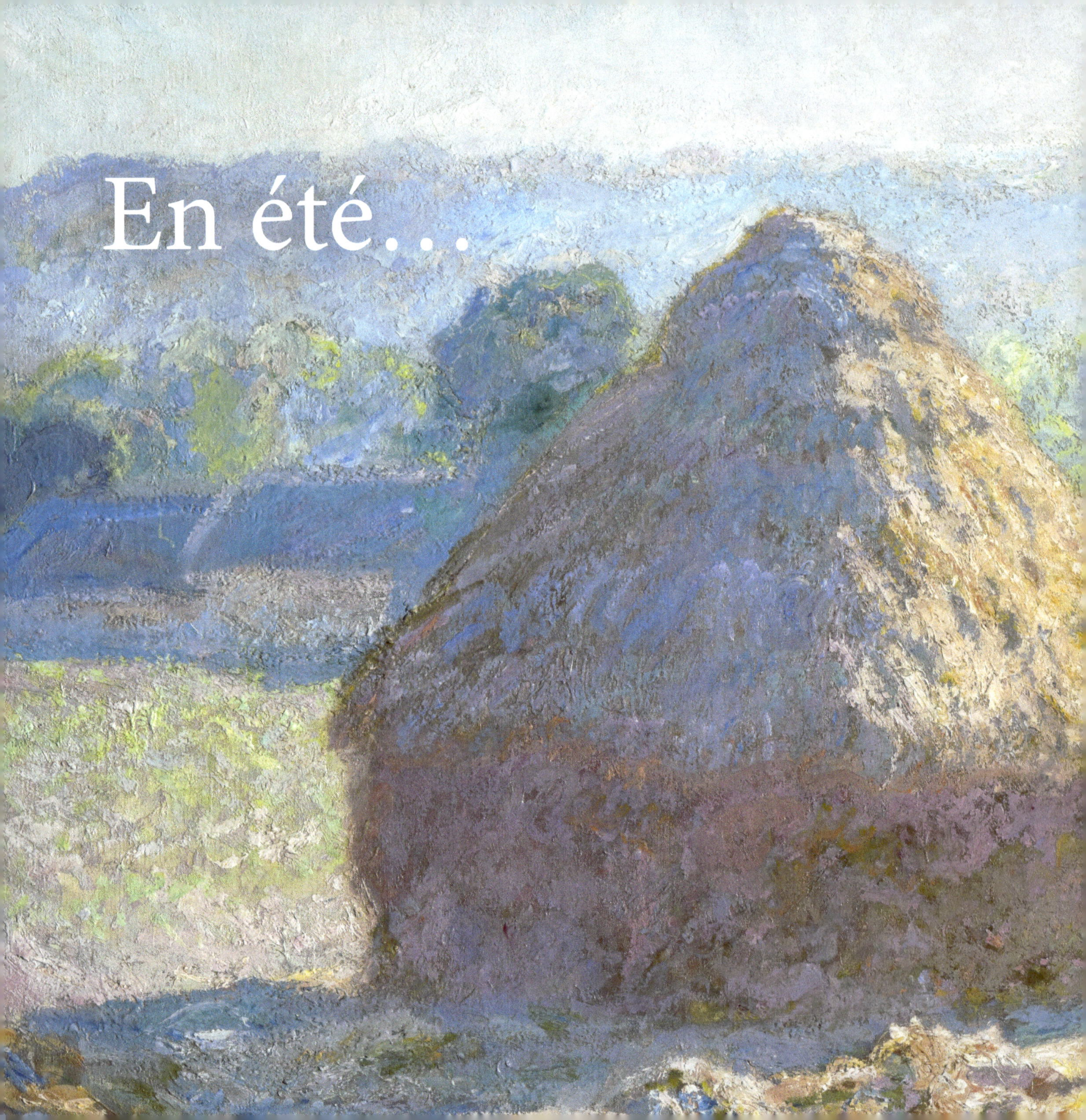

En été…

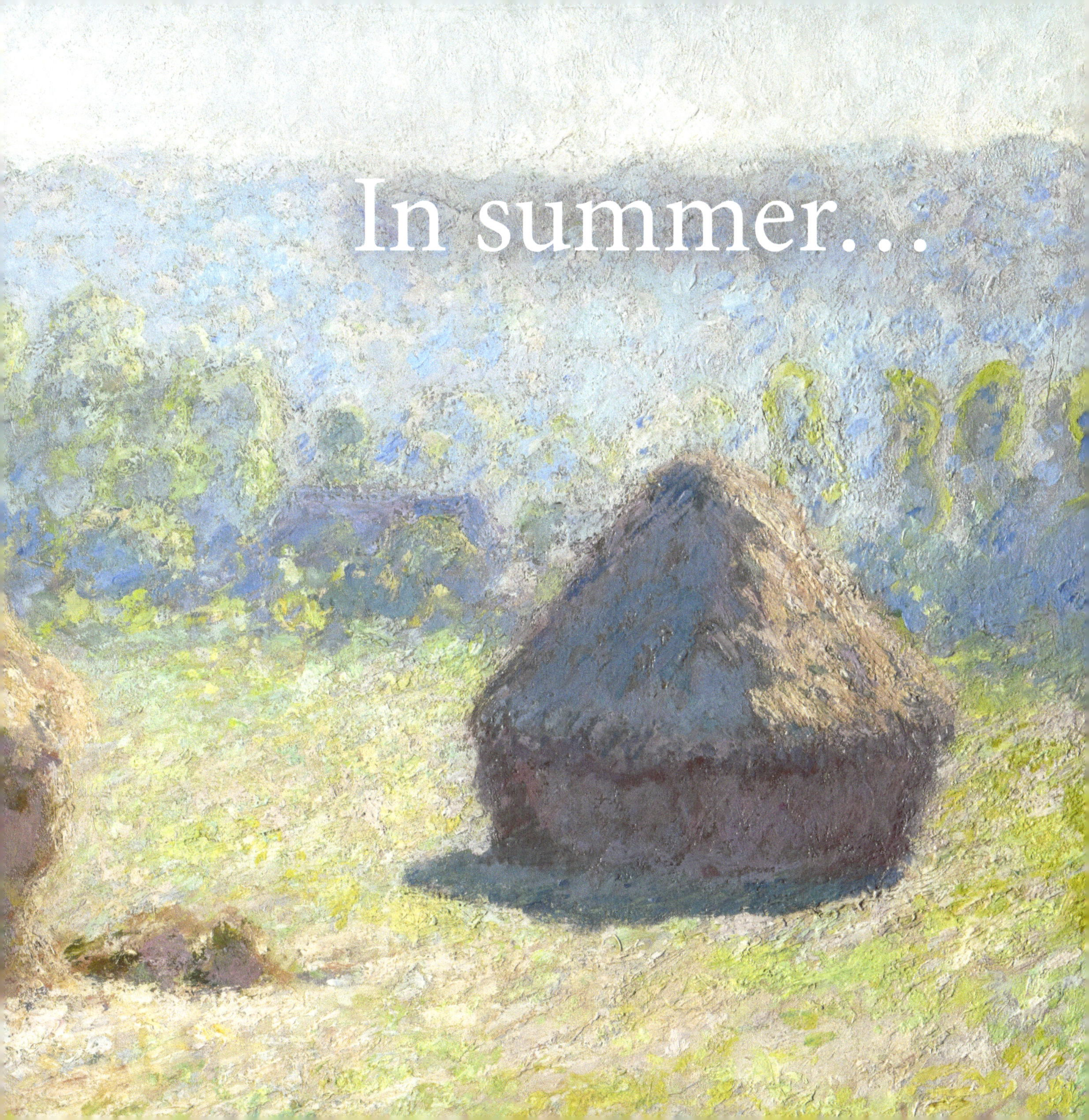
In summer…

Il fait chaud.

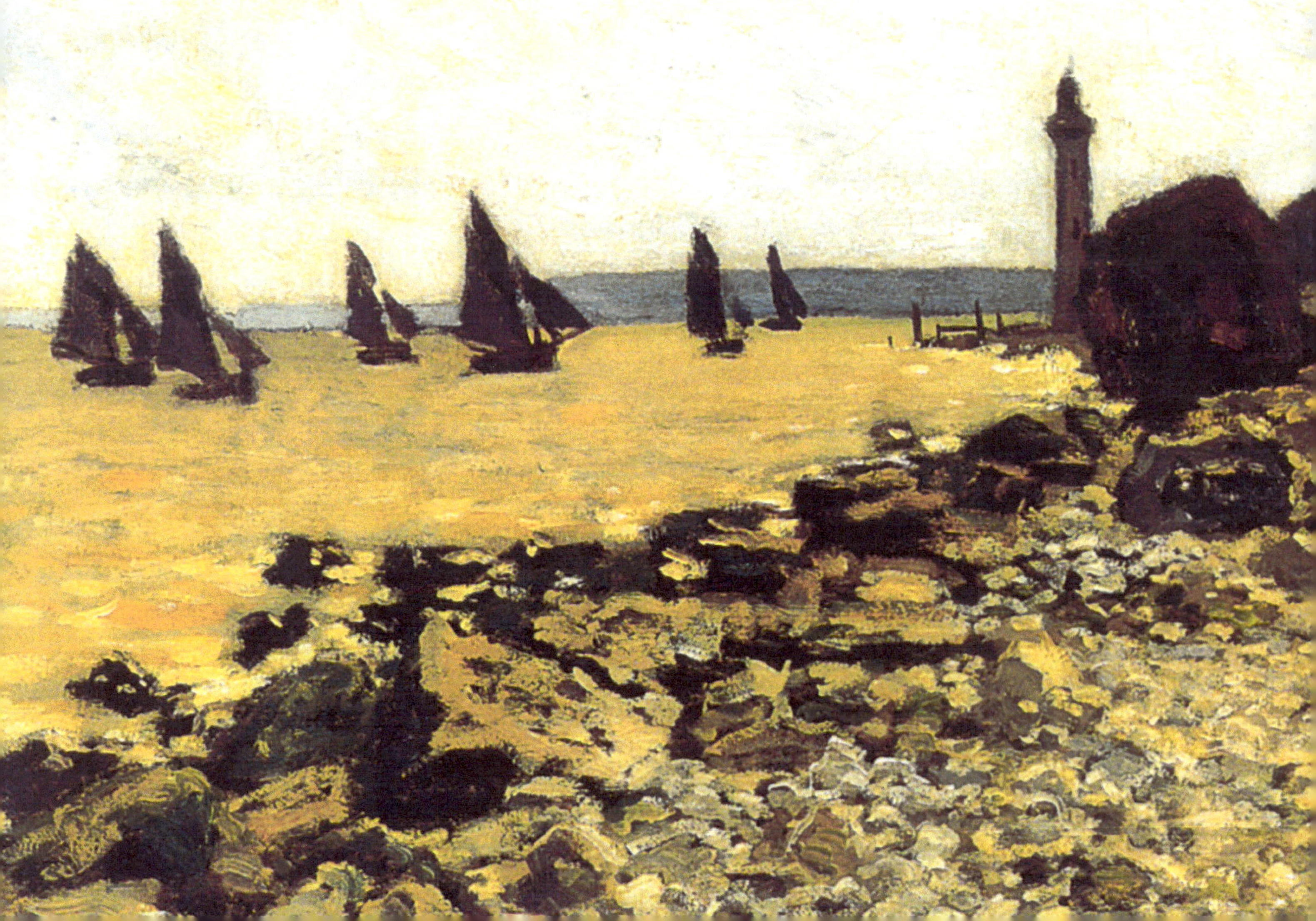

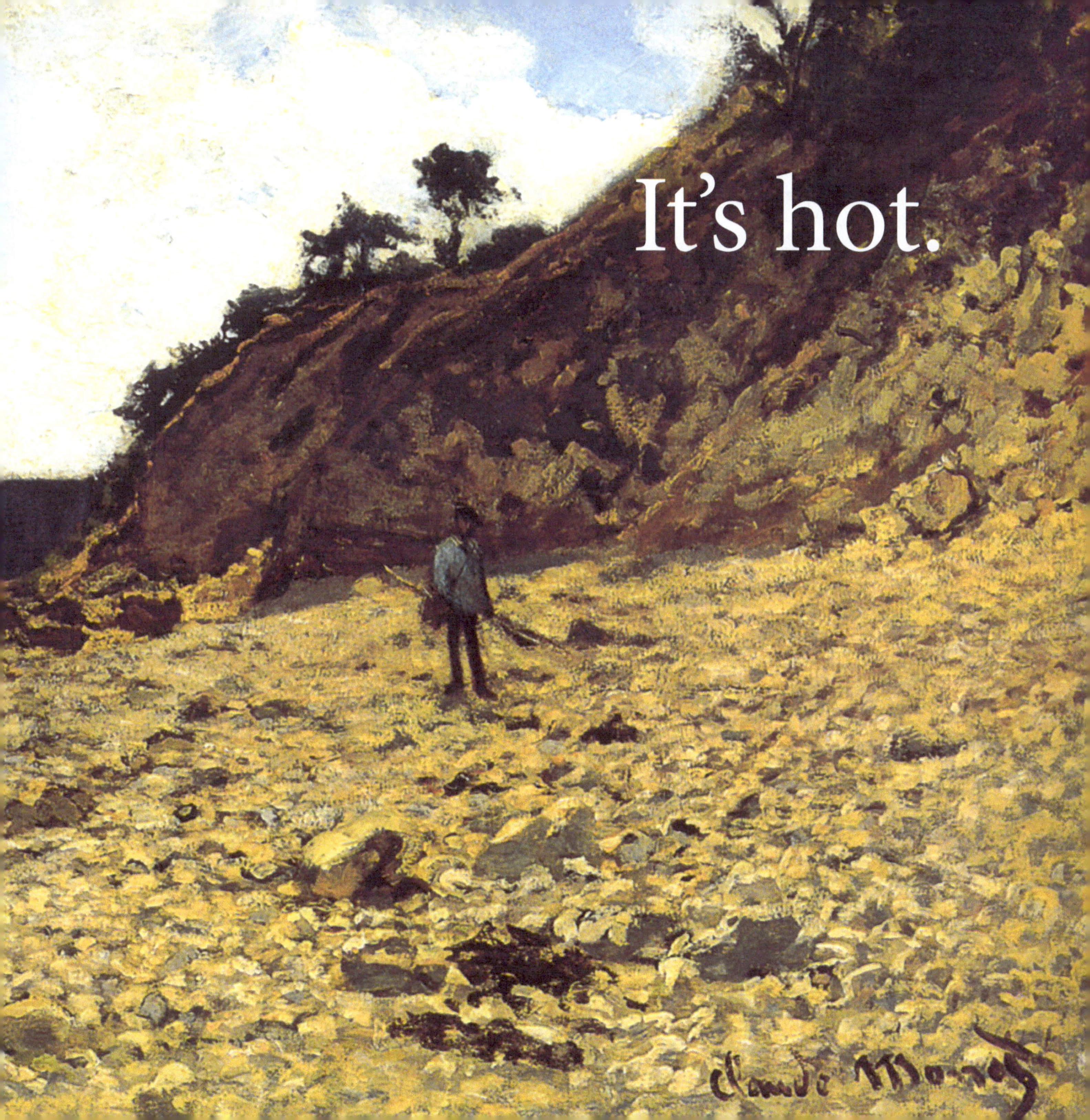
It’s hot.
Claude Monet

Il y a du soleil.

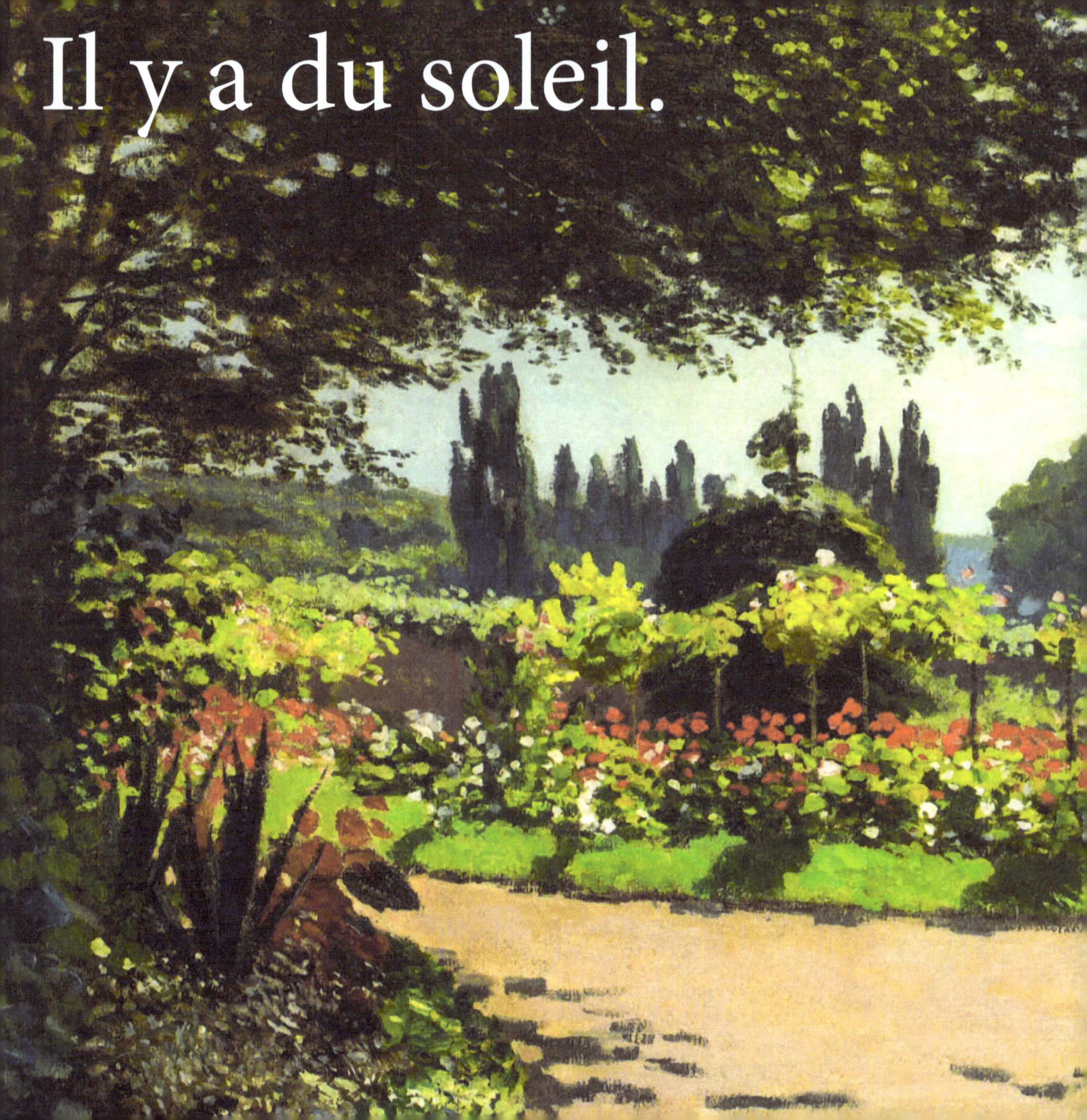

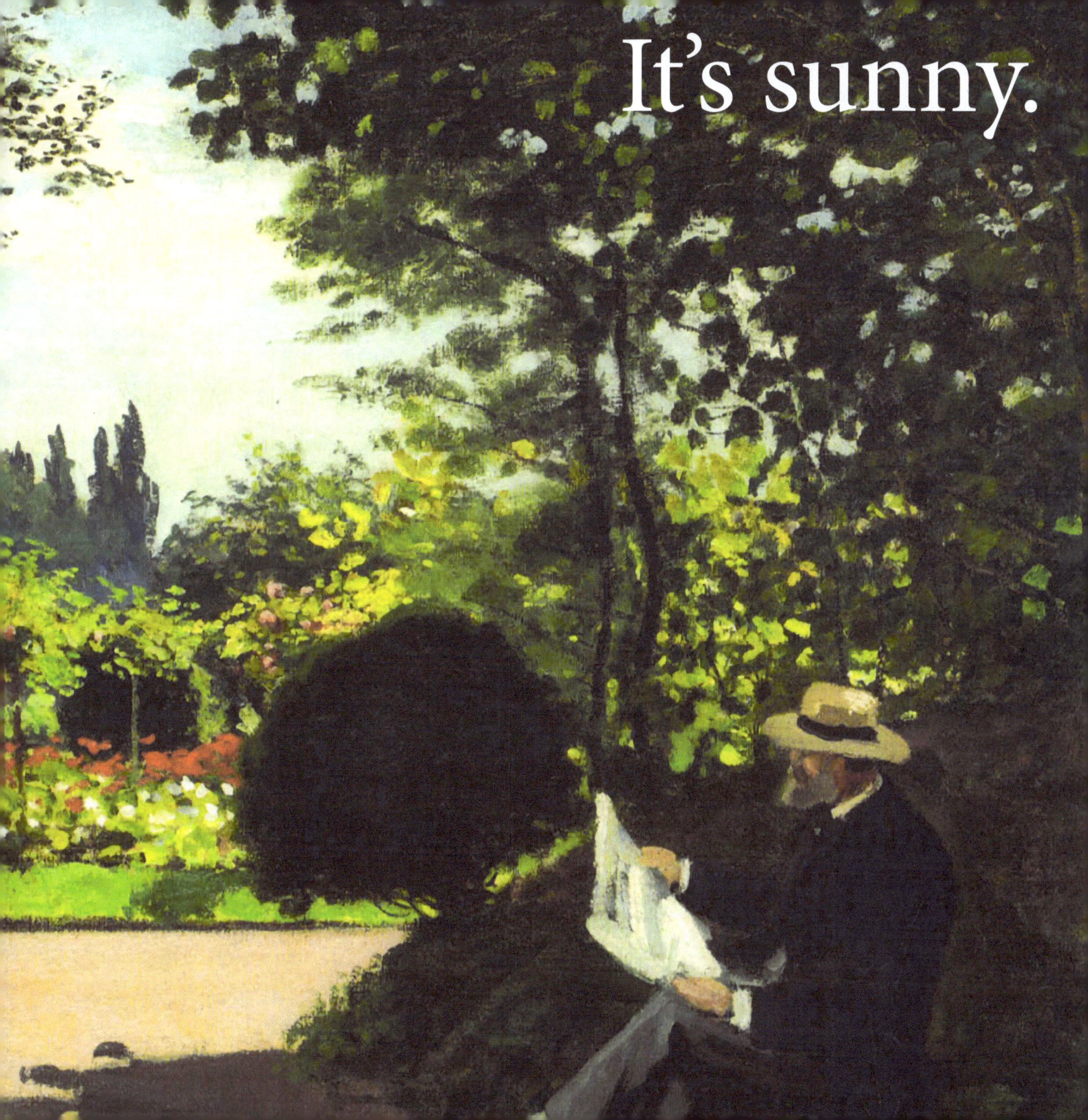

It’s sunny.

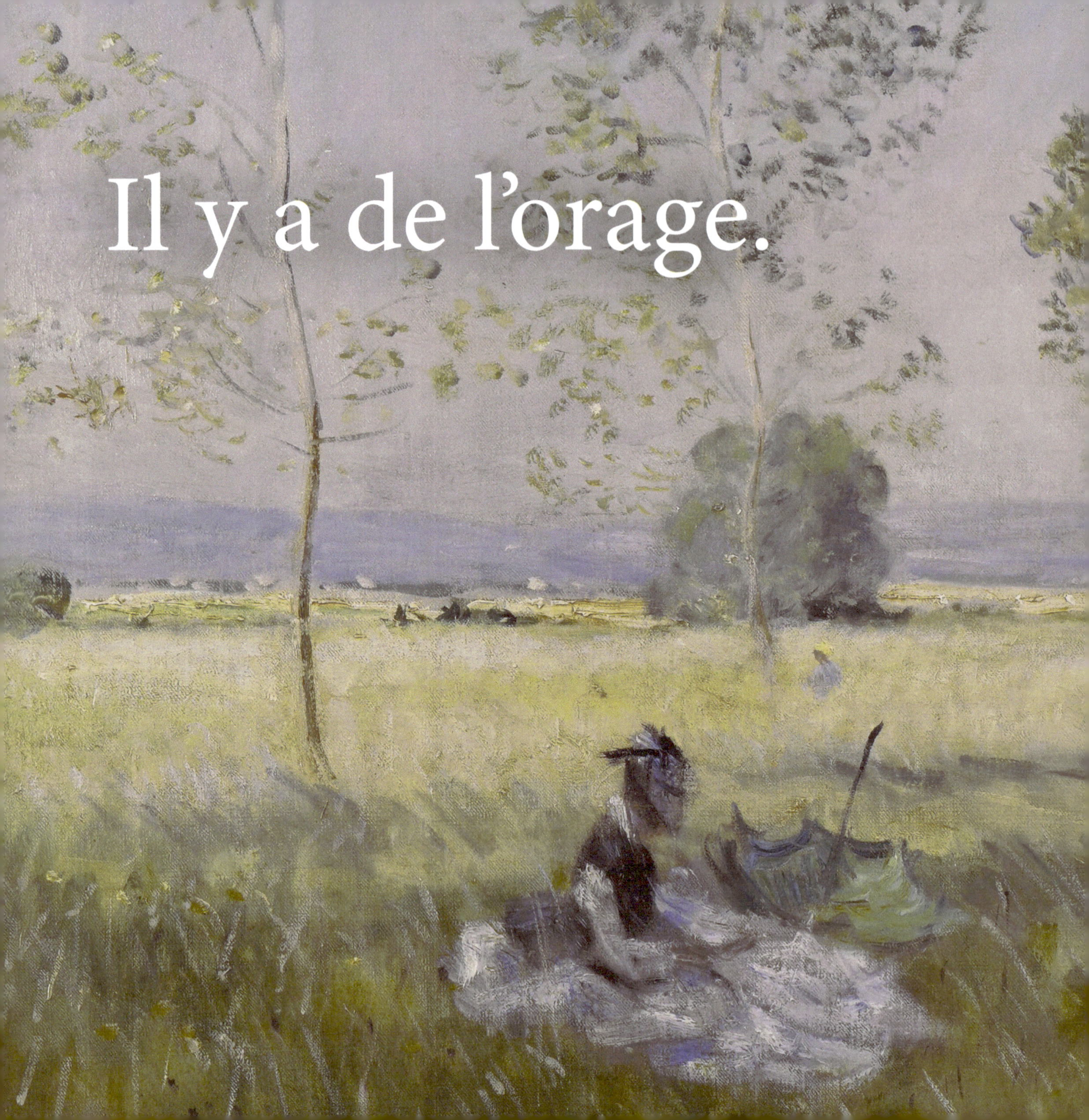
Il y a de l’orage.

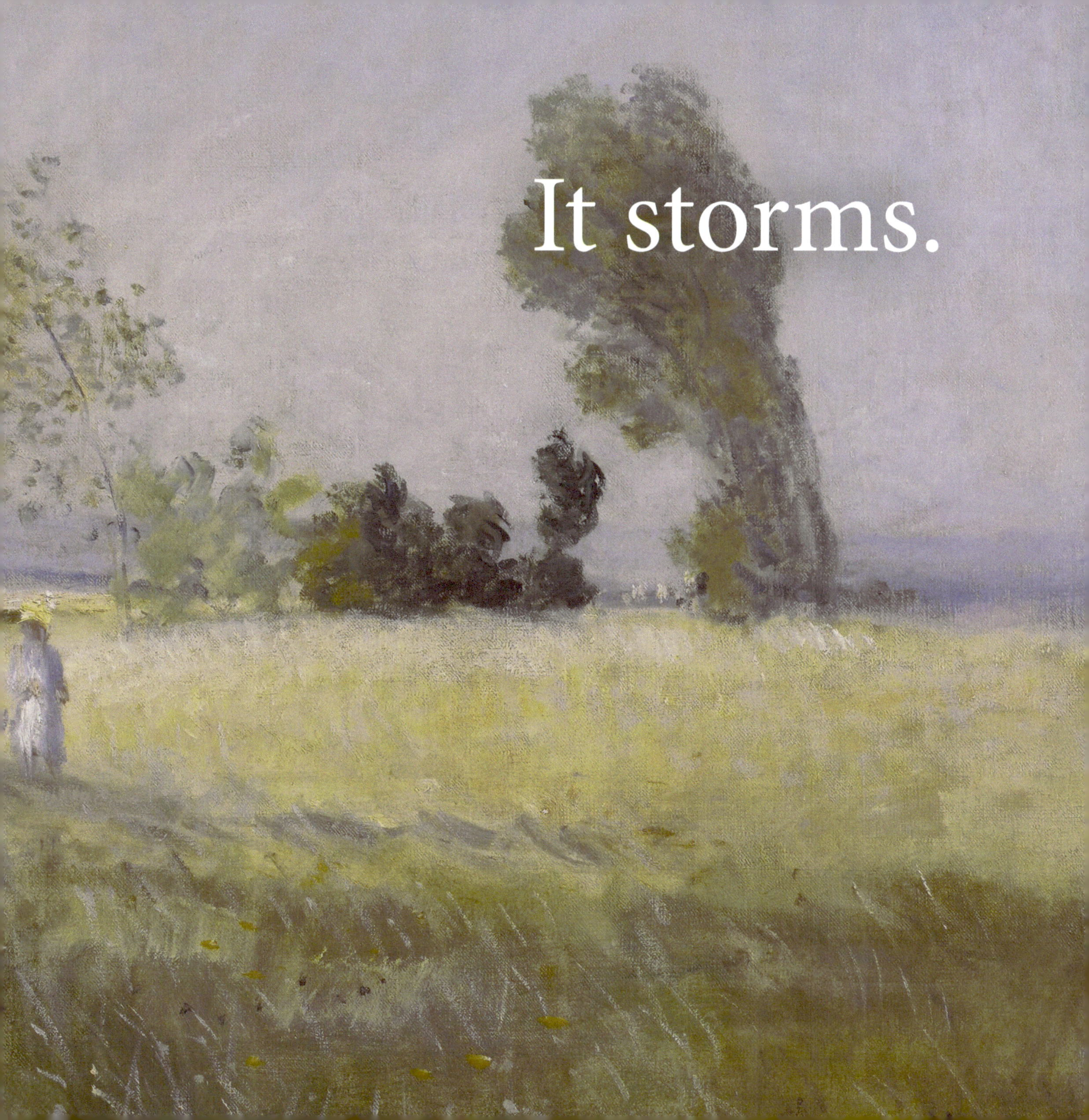
It storms.

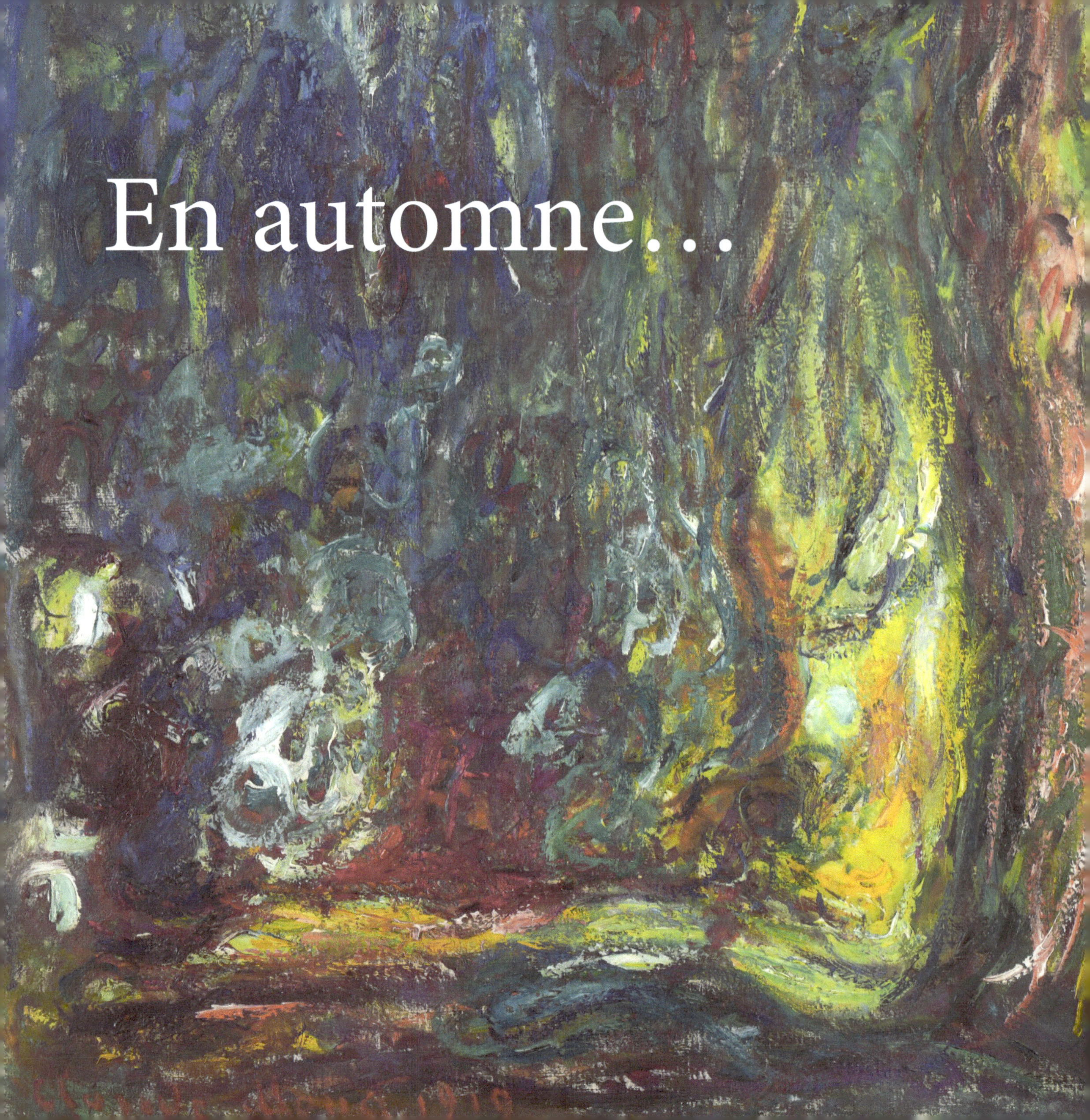

En automne…

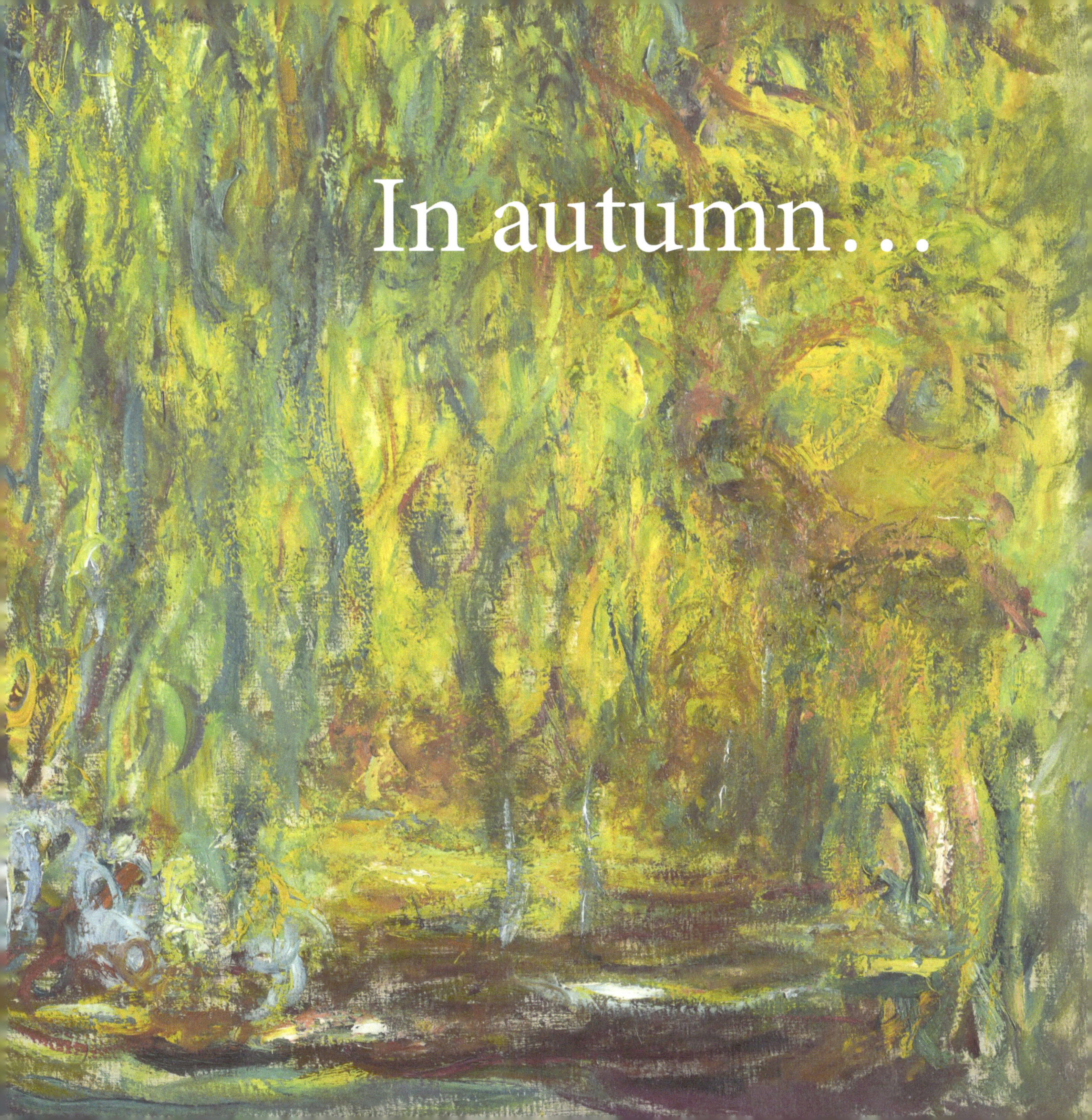

In autumn…

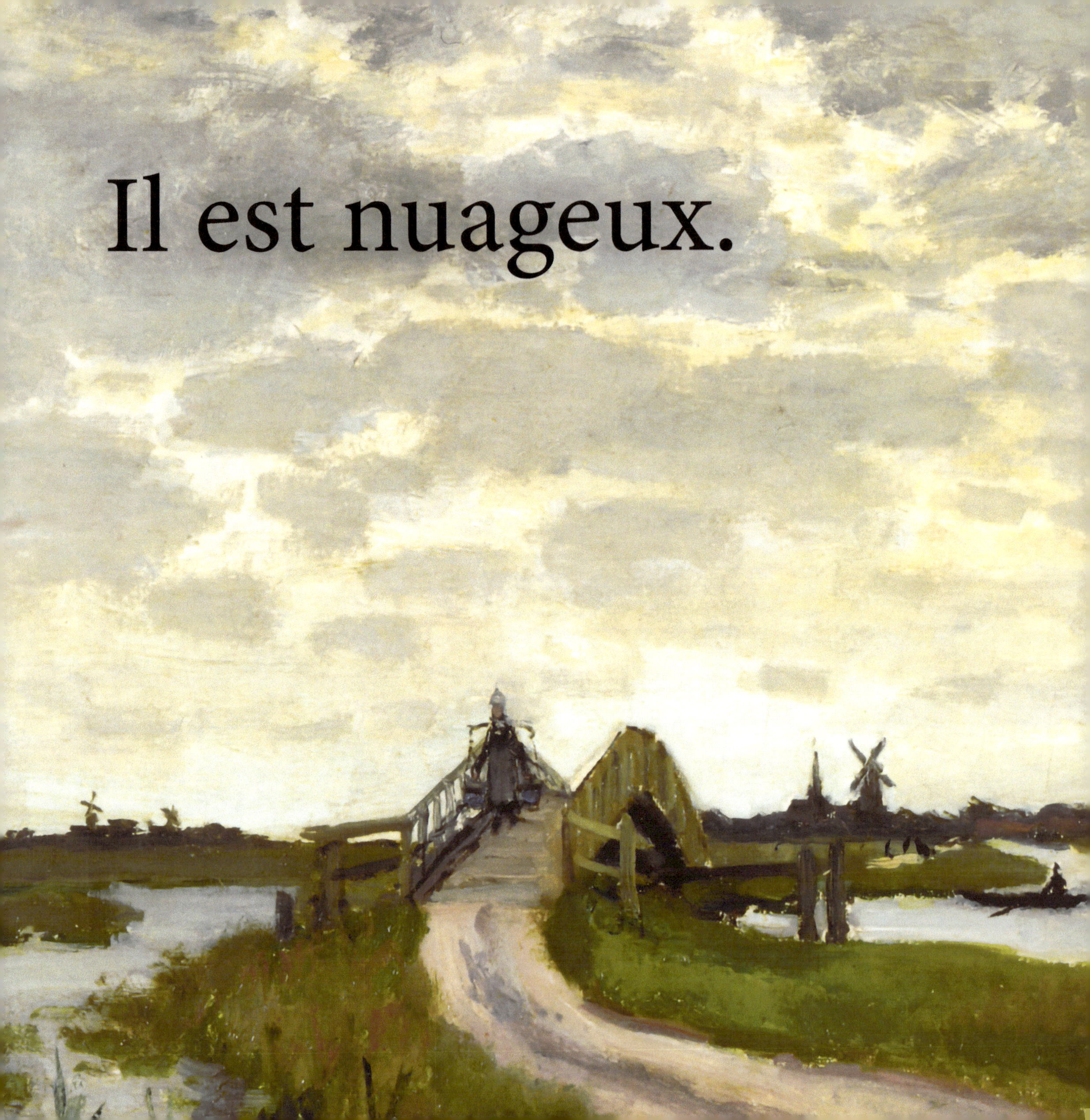

Il est nuageux.

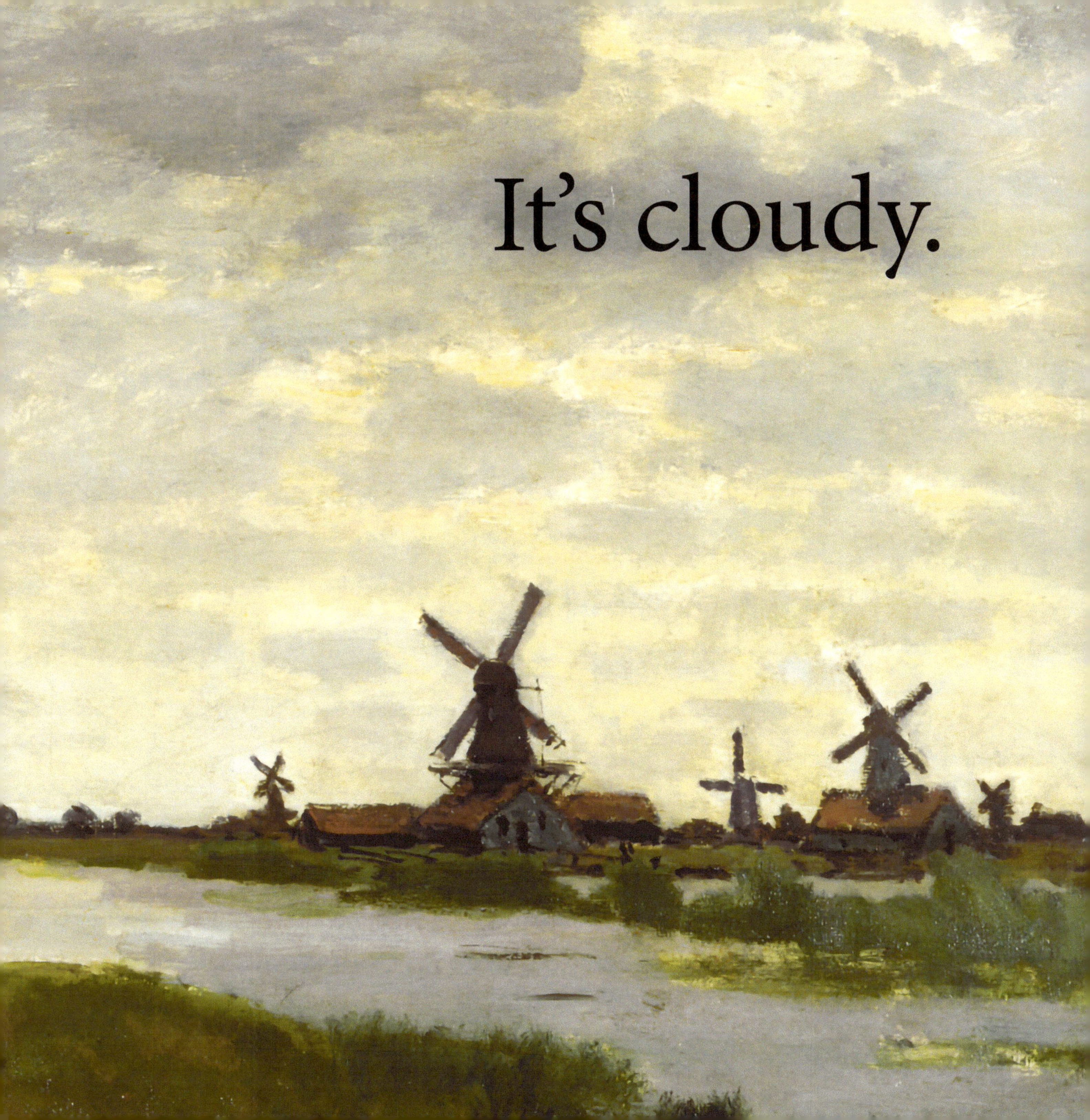

It’s cloudy.

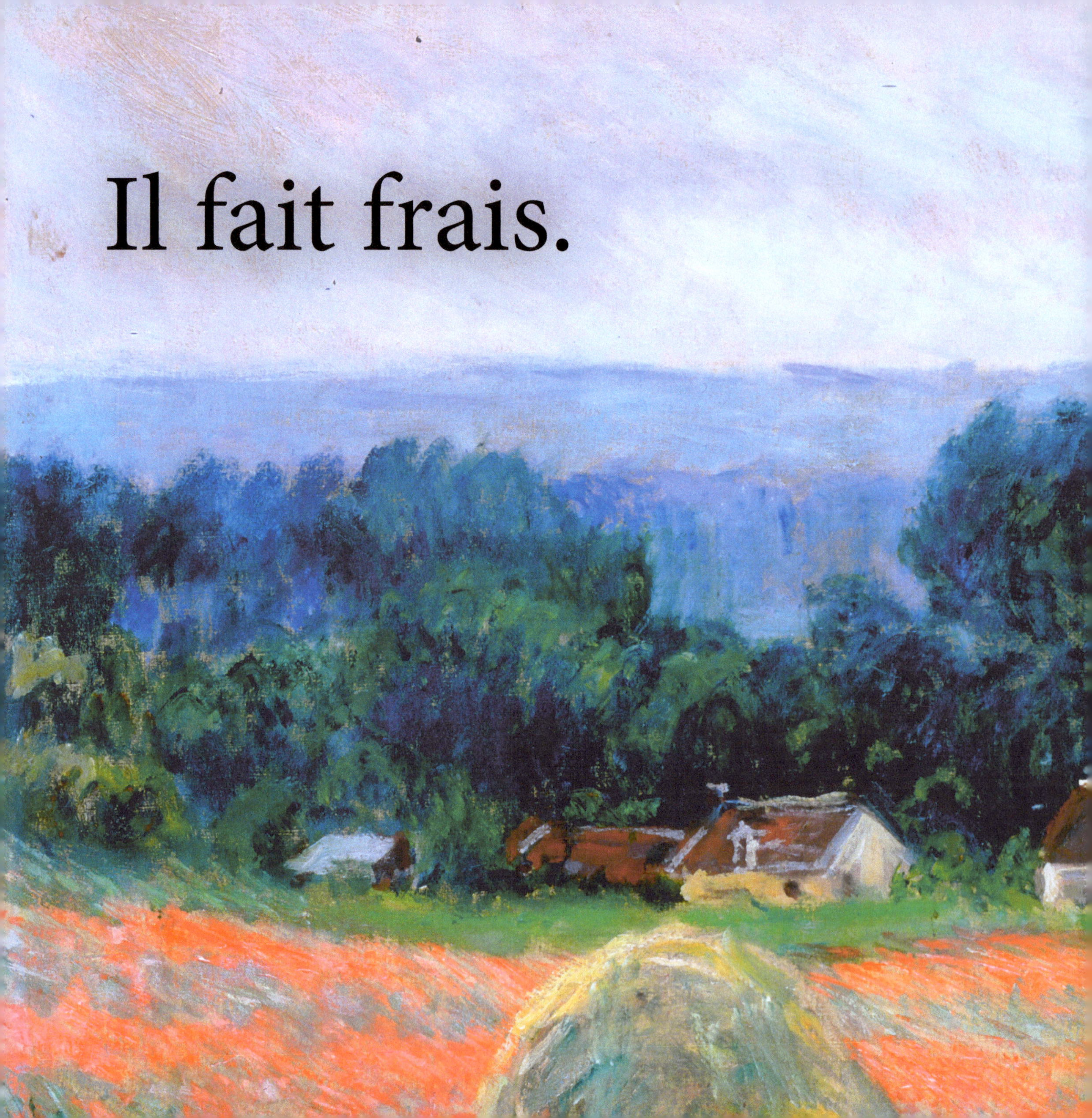
Il fait frais.

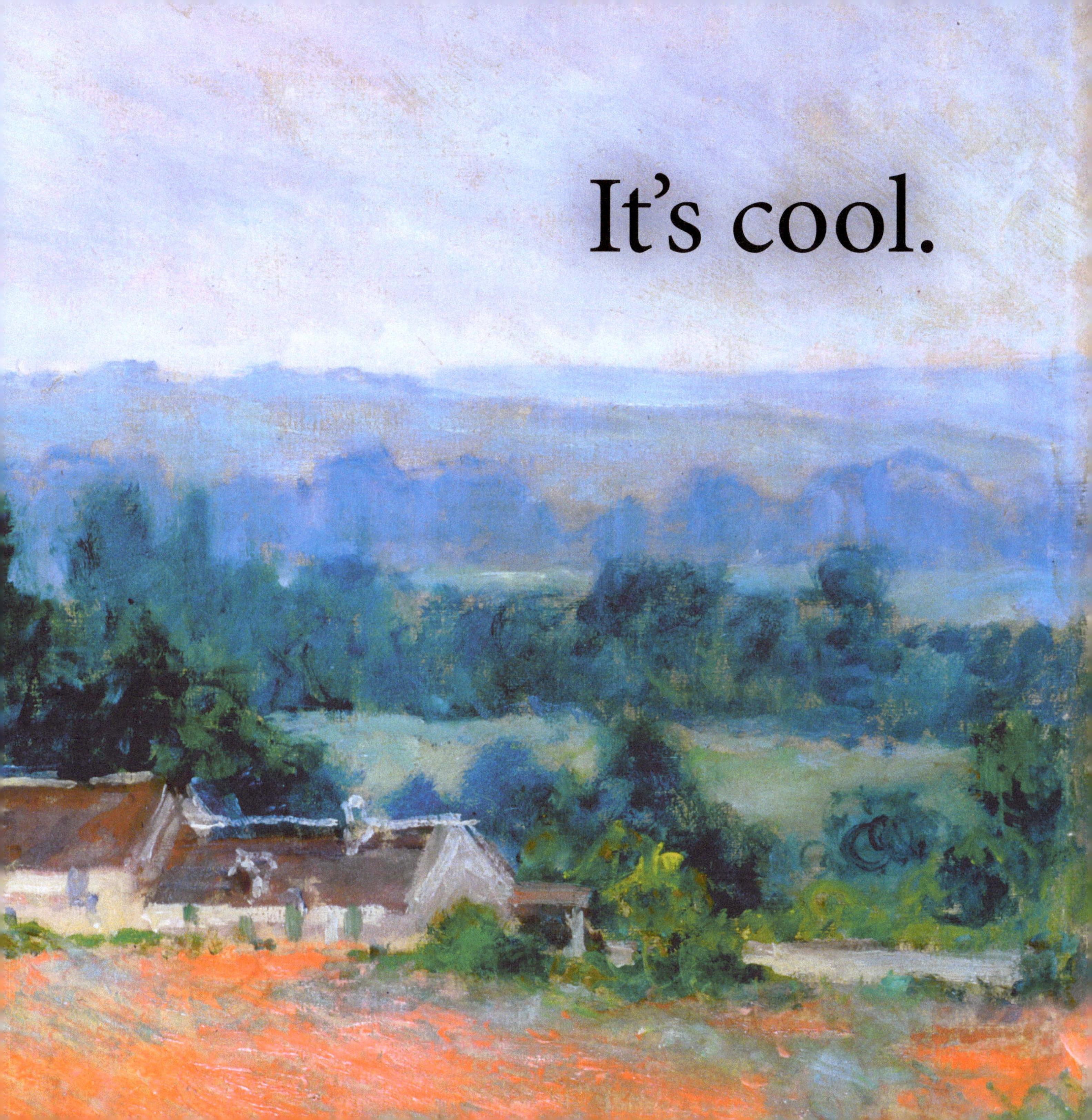

It's cool.

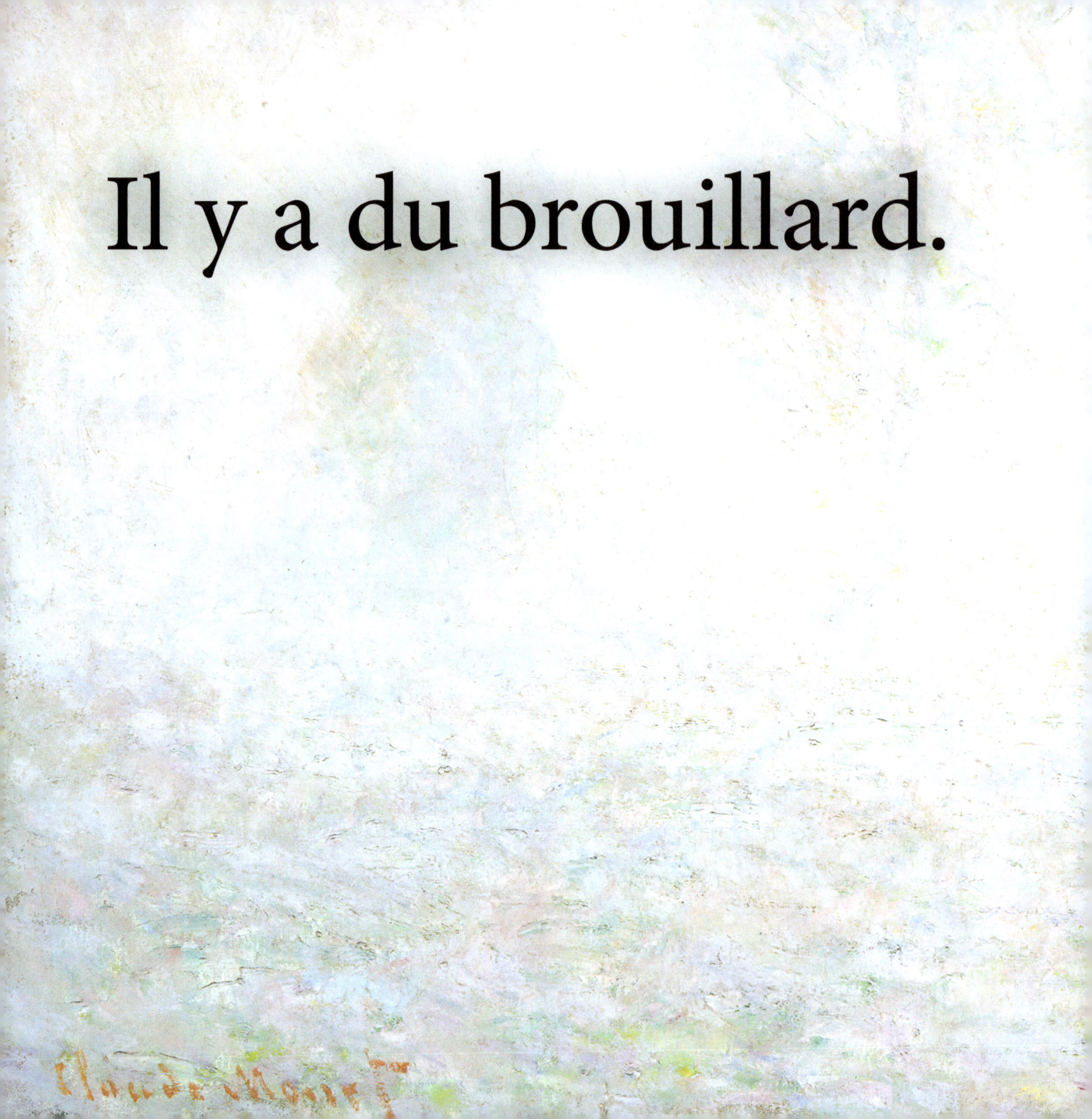

Il y a du brouillard.

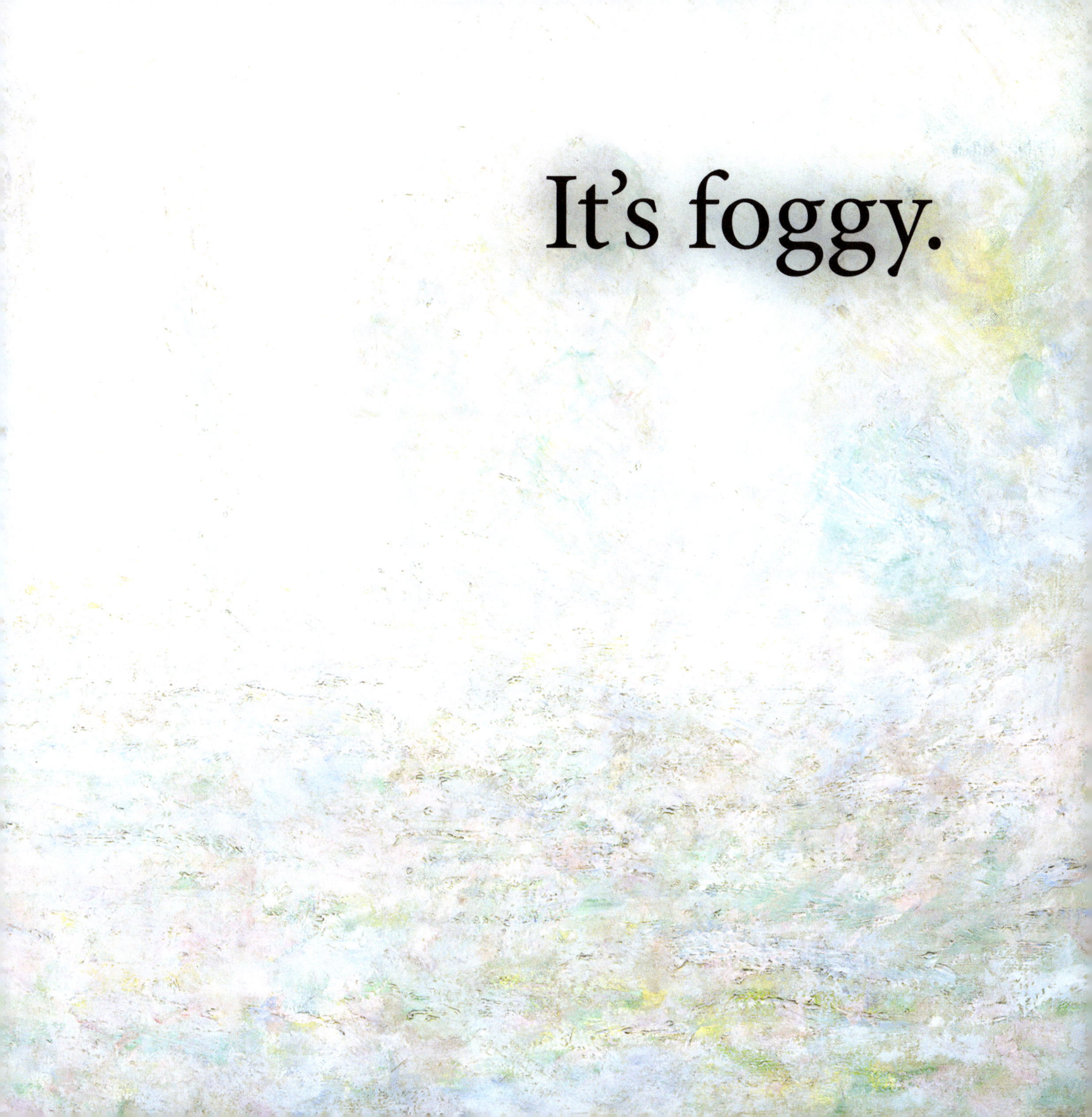
It's foggy.

En hiver…

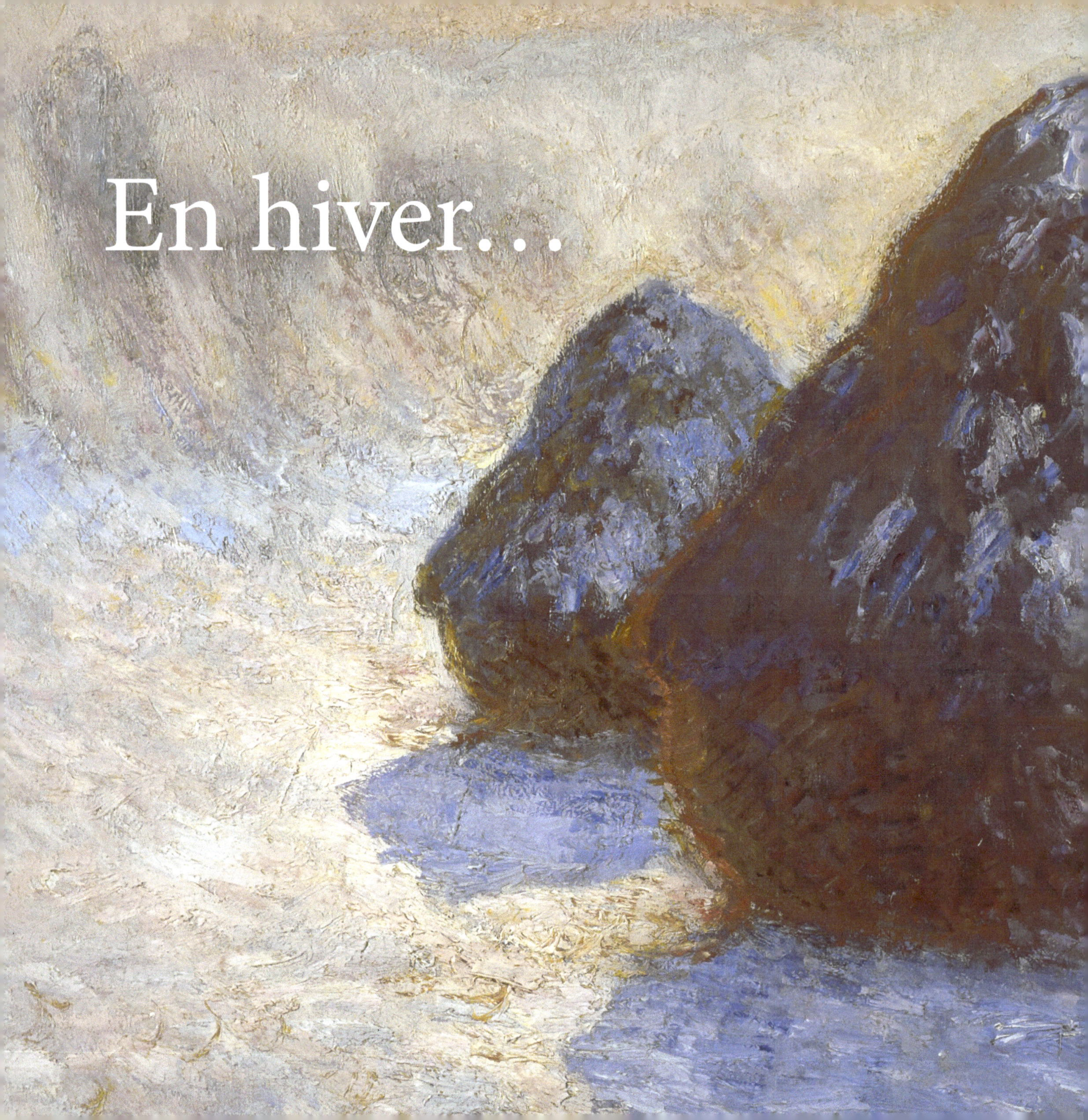

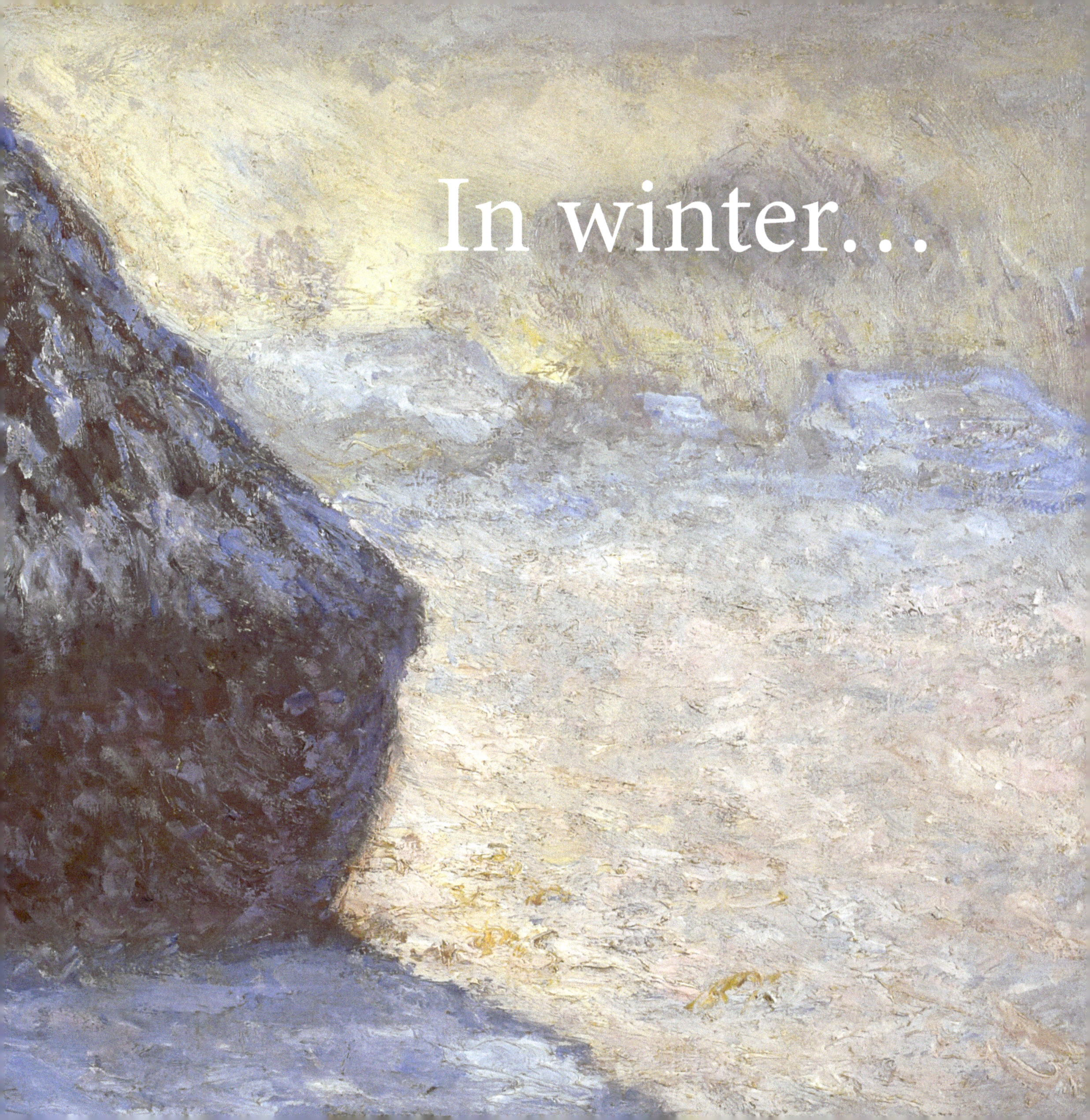

In winter…

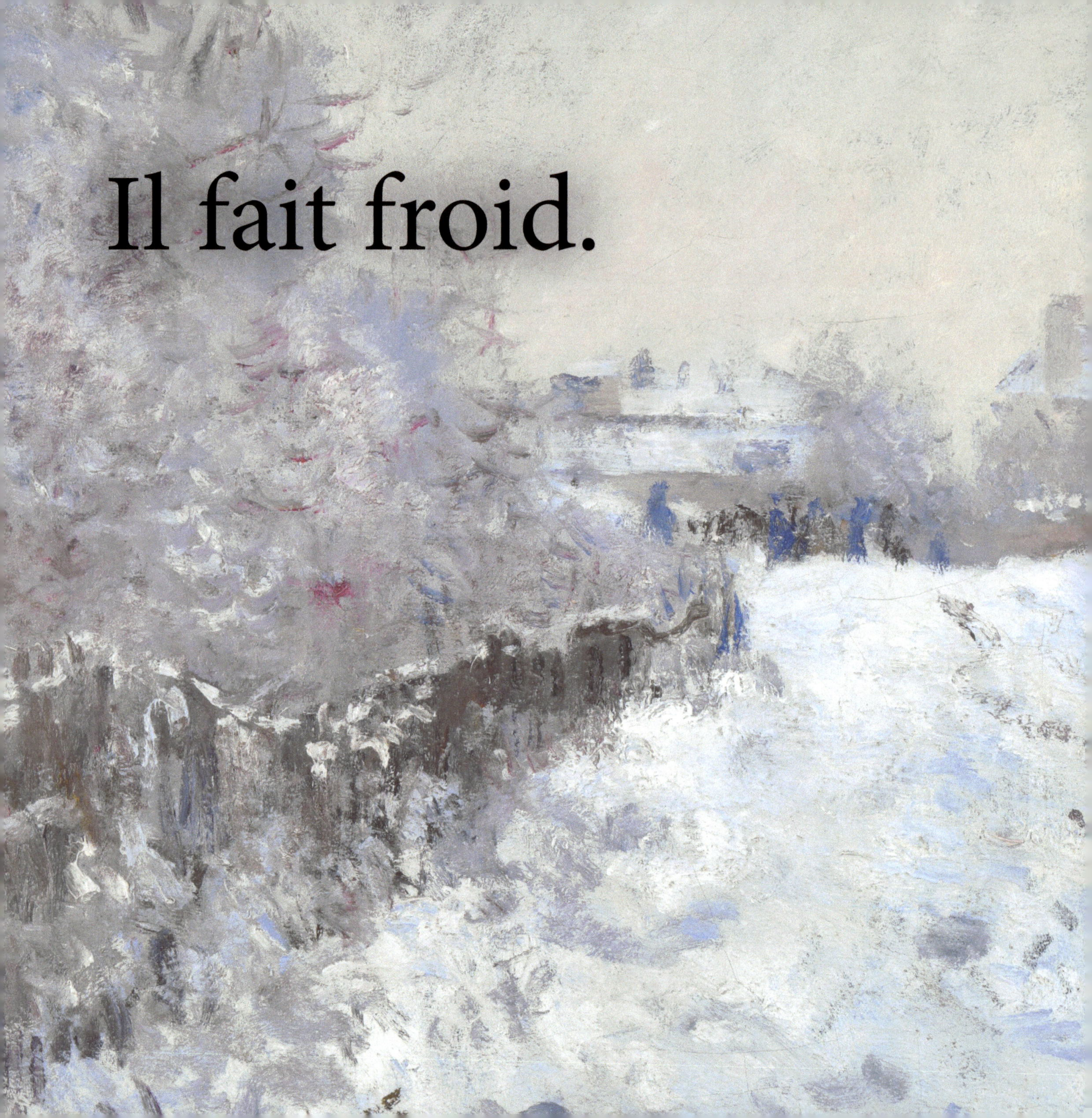

Il fait froid.

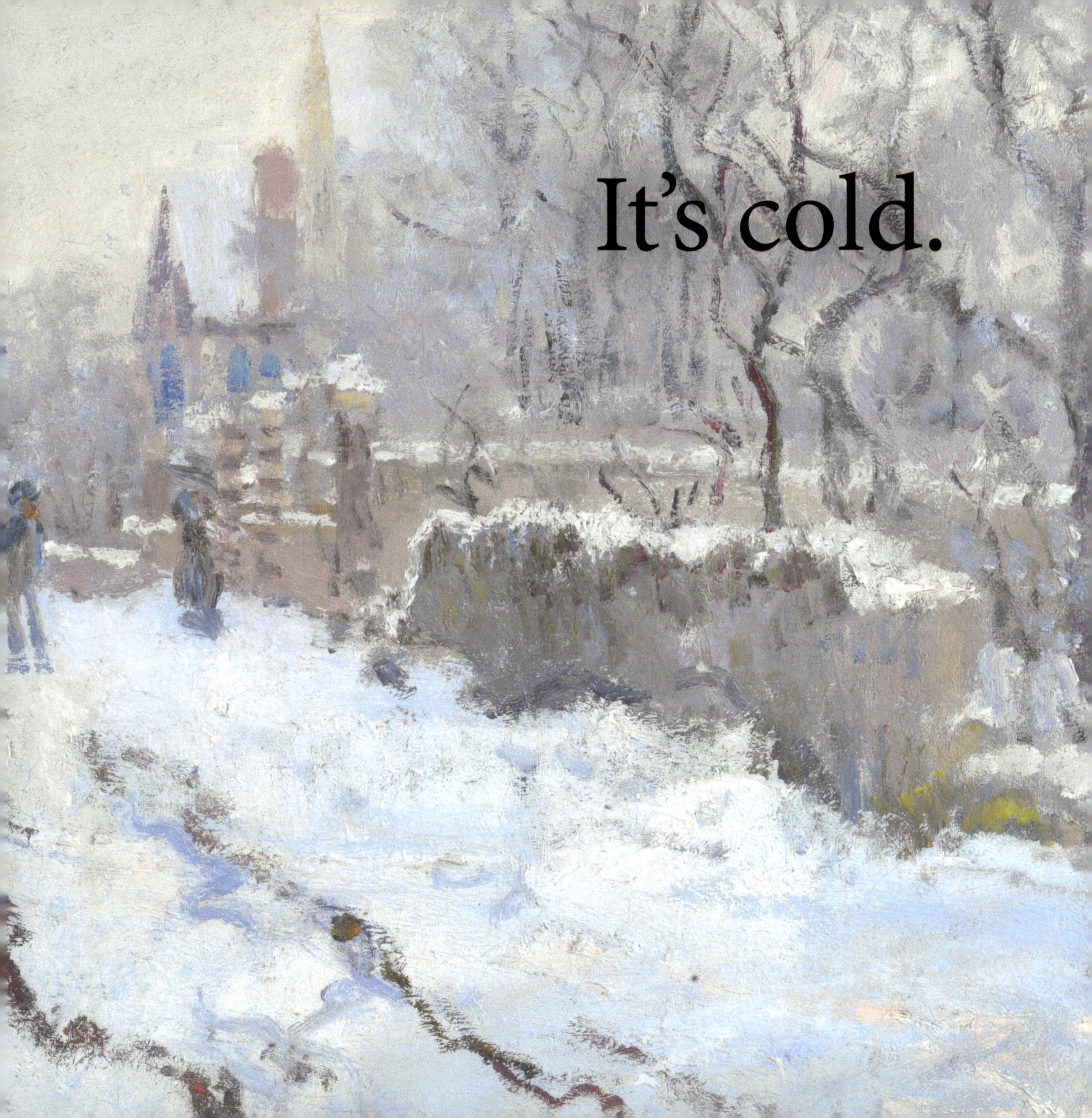

It’s cold.

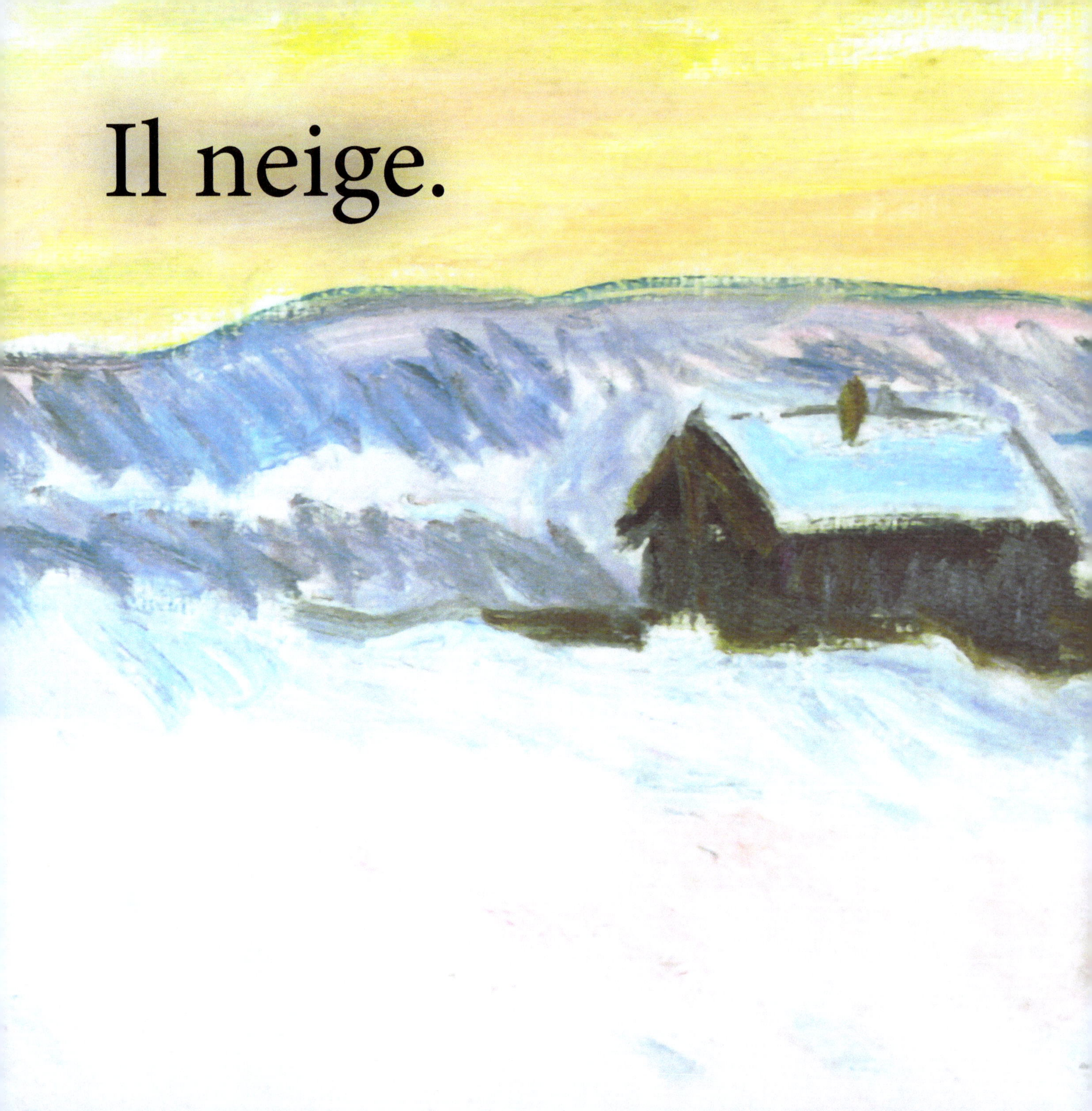

Il neige.

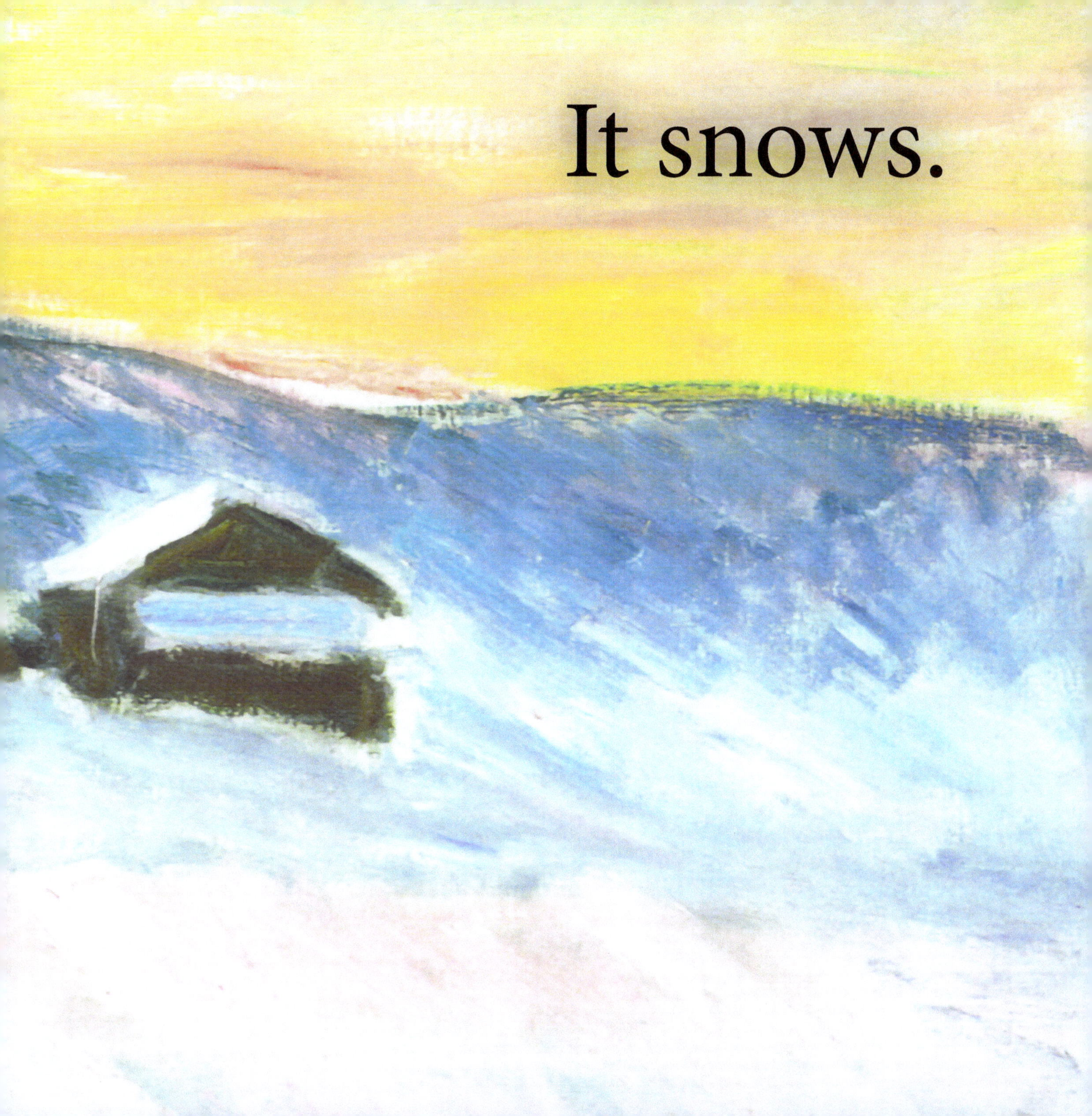
It snows.

Il gèle.

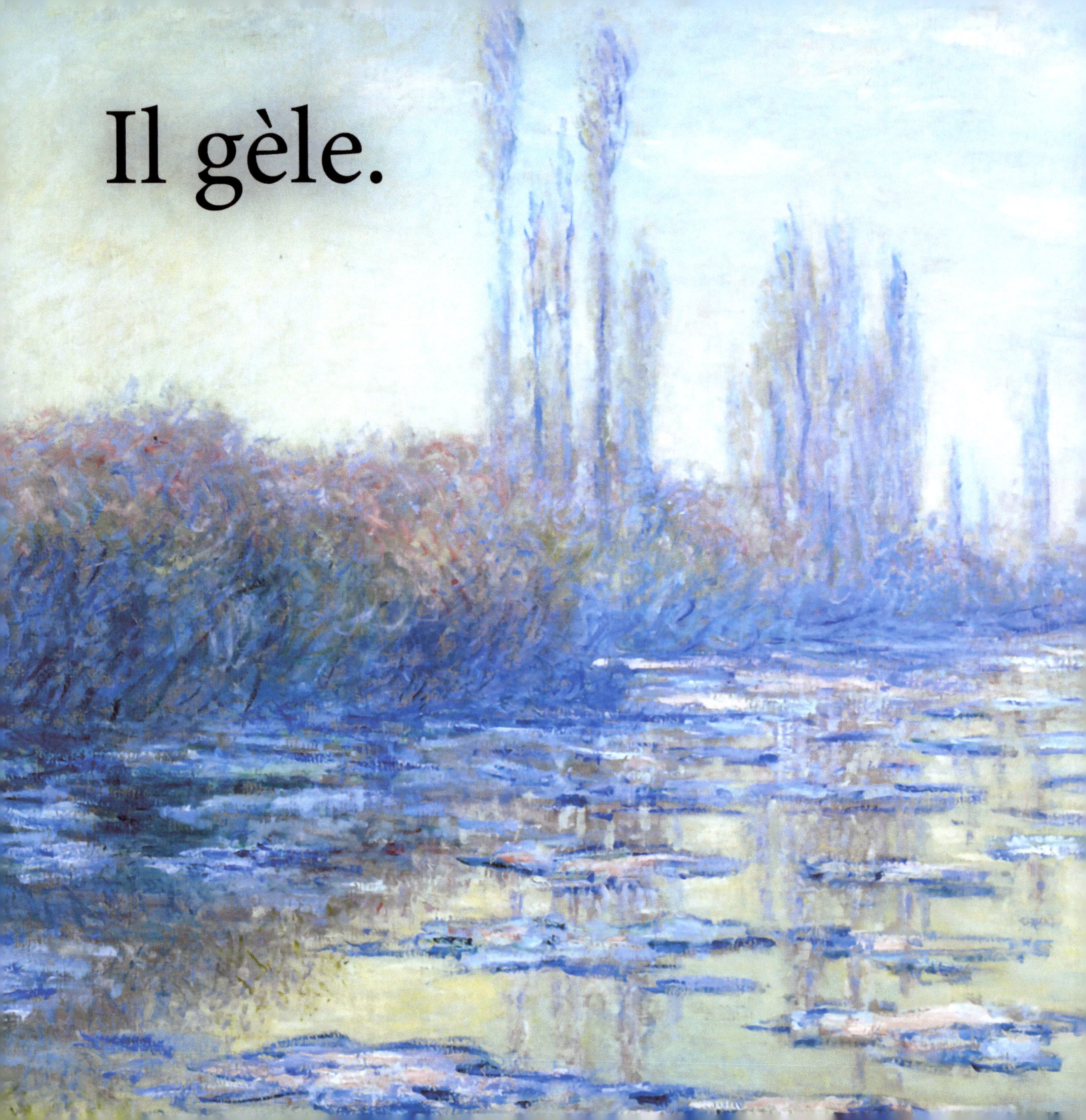

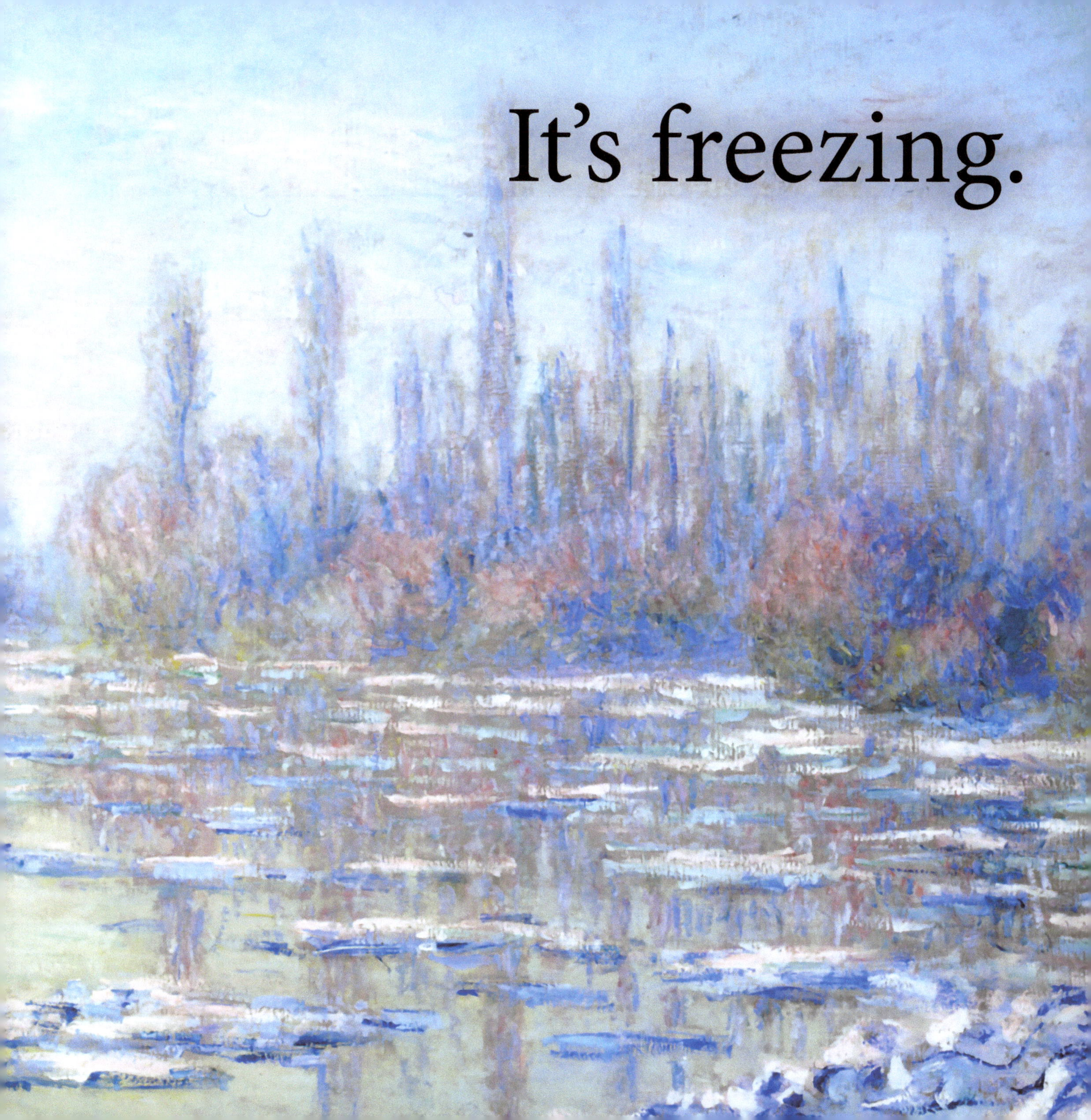

It’s freezing.

REVIEW

Au printemps…	In spring…	
Il fait beau.	It’s nice.	
Il pleut.	It rains.	
Il y a du vent.	It’s windy.	
En été…	In summer…	
Il fait chaud.	It’s hot.	
Il y a du soleil.	It’s sunny.	
il y a de l’orage.	It storms.	

En automne…	In autumn…	
Il est nuageux.	It's cloudy.	
Il fait frais.	It's cool.	
Il y a du brouillard.	It's foggy.	
En hiver…	In winter…	
Il fait froid.	It's cold.	
Il neige.	It snows.	
Il gèle.	It's freezing.	

PAINTINGS

Titre en français	Title in English	Date	Image
Printemps sur la Seine	Spring by the Seine	1875	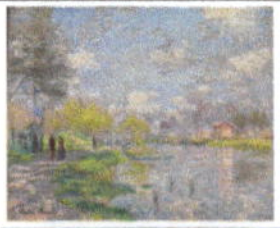
Le Pont d'Argenteuil	The Bridge at Argenteuil	1874	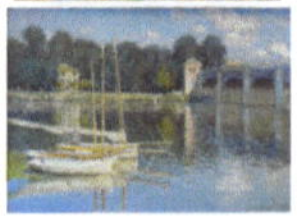
Pluie à Belle-Ile	Rain in Belle-Ile	1868	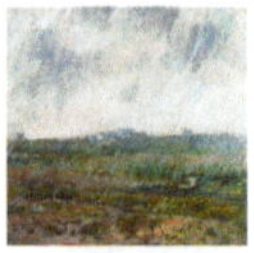
Madame Monet et son fils ou Femme à l'ombrelle	Woman with a Parasol - Madame Monet and Her Son	1875	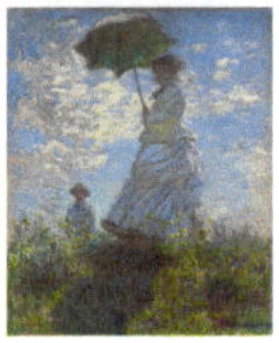
Meules, fin de l'été	Haystacks, end of Summer	1891	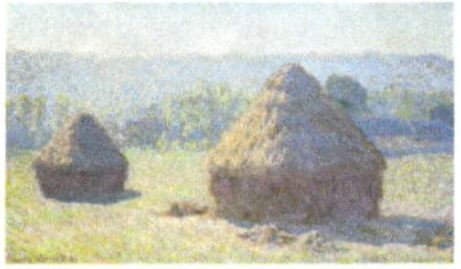
La Plage à Honfleur	The Beach at Honfleur	1864	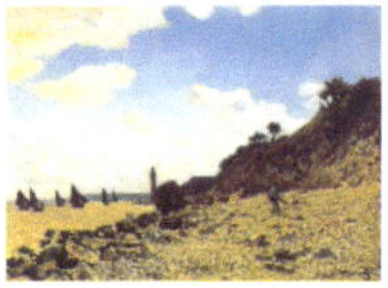
Adolphe Monet lisant dans un jardin	Adolphe Monet Reading in the Garden	1866	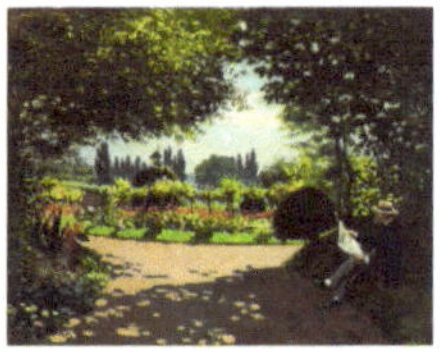
L'Été	Summer	1874	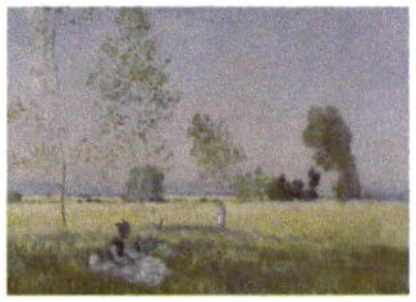

Saule Pleureur	Weeping Willow	1918	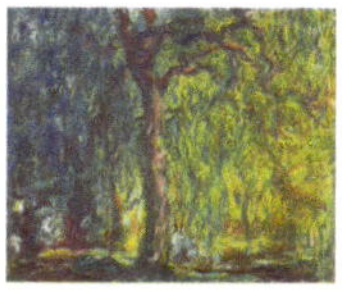
Moulins près de Zaandam	Windmills Near Zaandam	1871	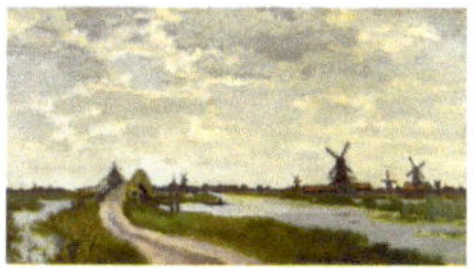
Meule à Giverny	Haystack at Giverny	1886	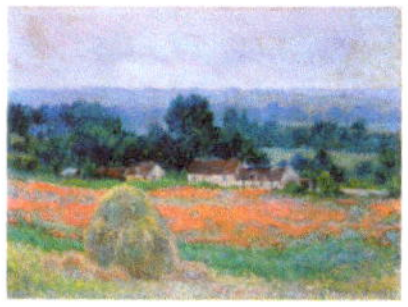
Brouillard matinal	Morning Haze	1888	
Meules, effet de neige	Haystacks: Snow Effect	1891	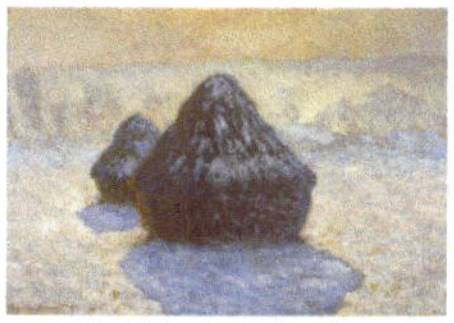
Rue sous la neige, Argenteuil	Snow at Argen-teuil	1875	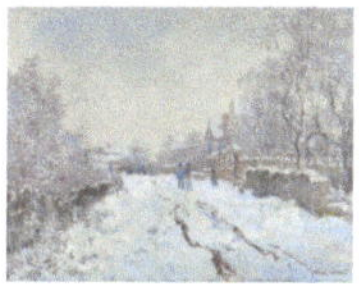
Les Maisons bleues, Norvège	Blue Houses, Norway	1895	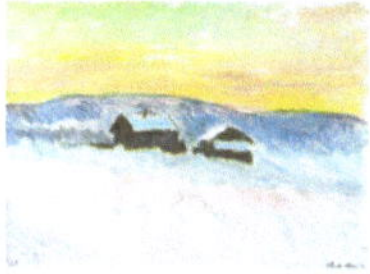
Les Glaçons	The Ice Floes	1880	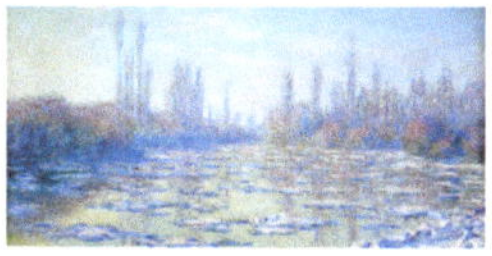

www.ingramcontent.com/pod-product-compliance
Lightning Source LLC
LaVergne TN
LVHW070223110826
845147LV00003B/632
* 9 7 8 1 9 4 7 9 6 1 2 3 4 *